L'ÉDUCATION

DE L'EFFORT

5J5J1

8R

DU MÊME AUTEUR

LIBRAIRIE FÉLIX ALCAN

Plan d'un enseignement supérieur de l'éducation physique. Broch. in-8 . . . . 1 fr. »

Cours théorique et pratique d'éducation physique. En collaboration avec le docteur PHILIPPE et RACINE, 2ᵉ éd. revue. 1 vol. in-8 avec 163 fig. et 8 pl. hors texte. . . 4 fr. »

Les Bases scientifiques de l'éducation physique. 5ᵉ éd. revue. 1 vol. in-8 avec 200 fig., cart. à l'angl. . . . . 6 fr. »

Mécanisme et Éducation des mouvements. 4ᵉ éd. revue. 1 vol. in-8 avec 370 fig., cart. à l'angl. . . . . . . 6 fr. »

Nouveaux Instruments d'anthropométrie. Brochure avec figures.

Guide du maître chargé des exercices physiques. 4ᵉ éd. Avec 289 figures (Librairie Lamarre).

L'Ecole française : *Evolution de l'éducation physique ; phases historique, critique et expérimentale.* Avec 95 figures et portraits (Fournier, édit.).

Danses gymnastiques. En collaboration avec A. SANDOZ. Musique et nombreuses figures (Vuibert, édit.).

Le Violoniste. *Art, mécanisme, hygiène.* Avec 52 figures (Maloine, édit.).

Tableaux muraux pour l'enseignement par l'image de l'éducation physique (Deyrolles, édit.).

Les Origines du cinématographe (Paulin, édit.).

Education et Harmonie des mouvements. Tome I : *Education physique de la jeune fille* (Librairie des Annales).

Tome II : *Education sportive des adolescents* (en préparation).

Essai d'une méthode positive d'éducation physique (Paulin, édit.).

Physiologie artistique. *Album de chronophotographies.* En collaboration avec le professeur MAREY (Librairie Lamarre).

Conférence au Conservatoire des Arts et Métiers sur la *Chronophotographie* (Gauthier-Villars, édit.).

Etude sur les appareils chronophotographiques. Avec figures.

Rapport et comptes rendus du Iᵉʳ Congrès international d'Education physique en 1900 (Imprimerie nationale).

L'ÉDUCATION

DE

L'EFFORT

PSYCHOLOGIE — PHYSIOLOGIE

PAR

GEORGES DEMENŸ

Professeur du Cours d'éducation physique de la Ville de Paris,
Directeur du Cours supérieur de l'Université

PARIS
LIBRAIRIE FÉLIX ALCAN
108, BOULEVARD SAINT-GERMAIN, 108

—

1914

TABLE DES MATIÈRES

Pages.

INTRODUCTION. III

CHAPITRE PREMIER

Physiologie et psychologie de l'effort.

I. — BUT DE L'EFFORT 1
II. — MODES ET GENRES D'EFFORT 10
III. — DIRECTION ET UTILISATION DE L'EFFORT 26
IV. — DOSAGE ET LIMITE DE L'EFFORT 36
V. — BESOIN ET HABITUDE DE L'EFFORT 51
VI. — CONSCIENCE DE L'EFFORT 59

CHAPITRE II

Résultats de l'effort bien dirigé.

I. — CONSÉQUENCES DE L'EFFORT PENSÉ ET RÉFLÉCHI . 73
II. — BEAUTÉ DE L'EFFORT. 128

Pages.

III. — Harmonie et travail 141
IV. — Moralité de l'effort 162
V. — Rapports de l'éducation physique avec les
        sciences et les arts 169

CHAPITRE III

Éducation de l'effort.

I. — Qualité éducative de l'effort. 185
II. — Hygiène de l'effort. 212

CONCLUSION

Vouloir c'est pouvoir. 223
Principes généraux d'éducation physique consti-
    tuant les bases d'une doctrine et applicables
    a tout travail. 226

INTRODUCTION

Si le lecteur a bien voulu me suivre dans
l'étude ardue des mouvements et son application au perfectionnement de notre nature, il
doit attendre de moi une synthèse des résultats,
ou plutôt l'exposé d'un art nouveau où seraient
mis en lumière les moyens reconnus bons pour
obtenir pratiquement notre amélioration sans
passer par les dédales de l'analyse scientifique.

Il entrevoit sans doute d'autres chemins plus
directs, mais nous n'avons pas encore franchi
toutes les étapes ni gravi tous les sommets. Il

reste encore des cimes à explorer, les dernières
peut-être, mais aussi les plus élevées et les plus
attirantes.

La synthèse de notre perfectionnement se résume en un mot : « la Beauté ». La tâche n'est
pas accomplie si par tous les procédés de détail,
nous n'avons pas obtenu l'unité de perfection
de l'être humain ; l'union de la beauté physique
et de la beauté morale, une belle âme dans un
beau corps, cette perfection divine des anciens.

La beauté rayonne, elle est l'épanouissement
complet de notre nature, le laid en est, au contraire, la dégradation ; la beauté tient en respect
la force brutale elle-même et nos appétits malsains.

Le sentiment du beau est la connaissance
intuitive de l'harmonie de notre être dans ce
qu'il a de plus parfait et de plus élevé ; d'abord
inconscient et vague, il prend corps, se précise
avec les données de l'observation ; il devient
alors la connaissance des rapports les plus intimes des éléments de notre nature.

A cette période d'évolution, l'émotion que

nous procure la beauté, loin d'être atténuée, comme on le pense quelquefois, par la réflexion, est au contraire doublée : celle de l'artiste s'unissant à celle du philosophe pour affirmer et préciser la notion du beau.

Tous ne vont pas jusque-là ; ils peuvent s'arrêter au premier degré, mais ils sont déjà sur la bonne voie, leur vue peut s'étendre et l'on peut espérer d'eux qu'ils continueront à être attirés vers la lumière éclatante de la beauté. S'il en est de rebelles auxquels l'initiation n'est pas possible, ce sont des natures frustes condamnées à ne pas goûter les joies pures de l'idéal ; ces lignes ne sont pas écrites pour elles.

Nous allons donc essayer d'avancer d'un pas dans notre sujet en reprenant le problème du perfectionnement dans toute sa complexité et son unité synthétique. Nous sommes poursuivi par l'idée de rattacher l'éducation physique à la recherche du beau et à la confondre avec elle.

La solution du problème est à sa source même, dans l'effort volontaire et personnel. L'effort personnel régit tout et comprend tout.

Vouloir, *savoir vouloir* et *Comment vouloir* est le point de départ de tout effort intelligent et fécond.

C'est à chaque instant ce qui caractérise notre état d'âme; la forme extérieure, l'attitude, les mouvements, le geste et la parole en sont les manifestations extérieures en rapport avec notre perfection mentale et morale.

Saisir l'harmonie de nos efforts, en comprendre la raison économique et rattacher la perfection esthétique à des qualités physiques déterminées et éducables, c'est là un programme sans doute difficile à remplir mais répondant à des choses réelles, possibles, les faits dont il s'agit n'échappant pas à notre influence et à notre intervention.

Cette manière d'envisager de haut les questions d'éducation nous met en garde contre l'acceptation aveugle de principes à priori menant à une esthétique fausse, à une beauté de convention variant avec la mode, les mœurs, les diverses écoles et n'aboutissant pas finalement à notre but : la perfection du corps humain soit en forme et structure, soit en mouvement et en travail.

Cet ouvrage n'est donc pas inutile; il peut rectifier peut-être des erreurs de principe et nous ramener à l'observation des lois naturelles souvent méconnues et violées. Contribuer à la stabilité de nos jugements, c'est éviter bien des mécomptes et faire acte de sagesse et de progrès.

Juillet 1913.

G. DEMENŸ.

L'ÉDUCATION DE L'EFFORT

CHAPITRE PREMIER

PHYSIOLOGIE ET PSYCHOLOGIE DE L'EFFORT

I. But de l'effort. — II. Modes et genres d'effort. — III. Direction et utilisation de l'effort. — IV. Dosage et limite de l'effort. — V. Besoin et habitude de l'effort. — VI. Conscience de l'effort.

I. — BUT DE L'EFFORT.

Effort source de tout travail. — La langue française se sert du même mot pour désigner l'effort musculaire, l'effort cérébral ou intellectuel, l'effort de volonté et d'attention, l'effort de réflexion et même l'effort impulsif. Il doit y avoir une raison de cela, mais la pauvreté de notre langue n'est pas en cause, on n'hésite souvent pas à créer de nouveaux termes pour indiquer des choses identiques.

Dans le cas présent notre langue a raison : le mot unique d'effort répond à un fait unique, issu d'une même source mais prenant différentes formes bien que n'ayant qu'une seule origine.

Sans être philosophe cartésien ou platonicien, sans être même psychologue, chacun sait, par le travail qu'il crée et le mouvement produit autour de lui, qu'il existe et qu'il vit.

Tout ce qui manifeste notre existence personnelle nous donne de la vie une sensation réelle et intense.

La vie d'un homme d'action, c'est l'effort ; ce seul mot suffit pour nous comprendre en restant au seuil de l'insondable et de l'inconnu.

L'effort est l'opération inséparable de l'acte voulu, énergique, intelligent. Souvent il précède celui-ci ; dans l'effort musculaire, cette anticipation est un fait constant. Le muscle réagit au signal de l'excitation nerveuse ; séparé de ses nerfs et sans communication avec les centres moteurs, le muscle n'est plus qu'un tissu à peu près inerte, flasque comme celui du paralytique. Le corps entier sans l'action nerveuse centrale, n'est qu'une loque, vivante peut-être pour le physiologiste, mais socialement inutilisable.

L'effort, c'est la vie. — La valeur de l'individu se mesure à la somme d'efforts dont il est capable, et surtout à la direction nettement morale et sociale de ces efforts. La garantie de cette valeur n'est impliquée ni dans la taille ni dans la musculature; elle se manifeste et se prouve par l'action et par le travail.

La forme extérieure indique vaguement l'état de vigueur, elle est certainement influencée par une tension vitale particulière, mais pour améliorer notre organisme il ne faut pas nous arrêter à cette apparence superficielle; nous devons remonter à la source de l'effort; nous devons comprendre que c'est dans l'harmonie de toutes nos énergies que réside l'élément premier de perfectionnement.

Le voyageur admire le mouvement régulier

de la machine motrice puissante et silencieuse
d'un navire ; il assiste à la manœuvre, au ralentissement de sa marche, au changement de
direction, à l'arrêt de l'énorme masse ; il ne
peut avoir de ce mouvement qu'une idée fausse
et incomplète s'il ne monte pas sur le pont et
s'il ne voit pas le commandant donner ses ordres
et diriger la marche.

Si le pilote est mauvais, le bateau, même en
parfait état, aura une direction incertaine. Le
pilote ici c'est notre moi, avec nos facultés d'action ; ce sont ces facultés maîtresses qu'il faut cultiver pour obtenir dans tous nos actes un meilleur
résultat ; c'est là notre perfectionnement réel.

Utilité de l'effort. — Pour la plupart, le résultat de l'exercice consiste seulement dans l'acquisition de masses musculaires volumineuses ;
les gros biceps en imposent toujours à la foule,
mais la notion des rapports harmonieux entre les
différentes fonctions de la vie lui est étrangère.

Les marches de parade, les ensembles précis,
les mouvements brusques et saccadés de la
gymnastique analytique ayant l'exactitude sèche

d'une machine frappent le spectateur qui ne voit pas au delà des propriétés géométriques de ces exercices, mais là n'est pas l'éducation.

Par ordre de complexité, la connaissance du mécanisme de nos mouvements est déjà un pas fait en avant sur l'équilibre statique; la notion de travail est encore plus subtile, mais, basant ces observations sur l'anatomie et la mécanique rationnelle celles-ci sont forcément limitées aux propriétés simples des leviers et des forces.

Il faut aborder les qualités physiologiques du mouvement chez l'être vivant, envisager ses effets sur l'ensemble de l'organisme, l'état de l'homme en action différant totalement de celui de l'homme au repos.

Il faut franchir encore un degré de plus pour arriver au mécanisme plus profond de l'action centrale, à la notion psychologique de l'effort volontaire, en un mot, et à son retentissement sur le perfectionnement de notre personnalité physique et morale.

Enfin, allant encore plus loin, nous sommes touchés par les qualités esthétiques et sociales

de nos actes et de nos mouvements et nous em-
brassons tous les résultats bienfaisants de l'exercice dans une large synthèse.

En résumé, notre connaissance en éducation
physique peut aller depuis la notion vulgaire du
gros muscle jusqu'au degré le plus élevé : le bienfait social. Les diverses étapes sont : d'abord la
connaissance des rapports géométriques des organes, puis leurs rapports mécaniques dans
l'équilibre et le mouvement, leurs rapports
physiologiques en les considérant non plus
comme des masses inertes mais comme des
parties d'un même être vivant sensible, modi-
fiable et capable d'adaptation et de perfectionnement; puis nous envisageons la valeur esthétique des mouvements ou leur qualité de perfection et d'harmonie amenant à la beauté dans
la forme et dans l'effort; enfin les rapports
sociaux et moraux de l'éducation, c'est-à-dire la
direction de notre activité vers un but élevé et
réellement utile, les bienfaits de nos actes ne
se limitant pas à l'individu mais s'étendant à
l'ensemble d'une société.

Orientation de notre activité. — Ces consi-dérations suffisent à orienter la direction de notre activité : il faut augmenter l'énergie in-dividuelle en rendant chaque sujet sain, vigou-reux et résistant par l'exercice, condition néces-saire de l'intégrité de nos fonctions et de nos facultés.

Ce point une fois acquis, l'éducation doit ap-prendre à nous rendre utilisable, à savoir bien travailler, sans gaspiller nos forces et à devenir capable d'exécuter avec adresse et sûreté tout effort.

On n'arrive pas à ce résultat sans s'exercer et surtout sans bien s'exercer ; il faut encore savoir dépenser ses forces avec mesure et intelligence pour obtenir la résistance et l'habileté, qualités bien plus précieuses dans la vie que la force musculaire exagérée.

La moralité de l'individu et sa valeur per-sonnelle sont liées à cette manière de concevoir la direction de nos efforts et à l'habitude de l'ac-tion énergique et saine.

Il y a là quelque chose de plus que la satisfaction de nos besoins naturels. La recherche du plaisir et la défense de nos intérêts ne doit pas être notre seul mobile; il faut un idéal plus élevé pour arrêter notre égoïsme et nos passions, et pour cela nous devons diriger nos efforts vers le perfectionnement de nous-même.

Le perfectionnement est un devoir social. — Dans une société fortement organisée, chaque unité, tout en satisfaisant à ses besoins et en recherchant son bien-être, doit travailler aussi pour la collectivité. Ceci sous-entend une activité partielle donnant à l'ensemble une plus-value d'énergie afin de résister aux causes de désorganisation et de destruction, une convergence des efforts vers le bien collectif en un mot.

Mais peu acceptent pour chacun l'obligation de se perfectionner; le nombre de ceux qui élèvent cette idée au rang d'un devoir social est encore plus restreint. Cependant la destinée d'un peuple est contenue tout entière dans cette vision claire de ses devoirs; c'est l'*inexorabile fatum* des anciens.

L'oubli de ces lois précipite une nation vers

sa chute plus ou moins rapide, mais certaine, quand l'activité générale n'a plus d'autre objectif que le plaisir et le bien-être excessifs, ni d'autre mobile que la satisfaction égoïste des instincts bestiaux.

La grandeur d'un peuple coïncide toujours avec le maximum d'efforts convergeant vers un idéal de force et de beauté. Cela ne peut s'obtenir sans une discipline volontaire ayant pour objet d'éviter la dispersion et le gaspillage de notre énergie. C'est la marque pour chacun d'une individualité nettement affirmée et sans laquelle la valeur de la masse ne peut atteindre un haut degré de perfection.

L'effort individuel ainsi compris n'est plus une peine, c'est le plus noble plaisir que l'homme puisse goûter. Être conscient et capable d'agir malgré les obstacles pour rendre sa vie la plus utile possible, léguer à ses descendants une tâche bien accomplie et les inciter à la perfectionner encore en leur évitant les tâtonnements et les erreurs, c'est l'idéal de l'homme cultivé et prévoyant, soucieux de l'avenir.

II. — MODES ET GENRES D'EFFORTS.

Extériorisation de l'effort sous diverses formes.
— L'excitation volontaire issue des centres cérébraux moteurs va cheminer ensuite le long des
conducteurs nerveux jusqu'aux muscles et modifier leur état de tension. D'abord central, cet
effort s'extériorise à ce moment et se manifeste
sous divers aspects dont les deux principaux
sont la force musculaire et la force de résistance.

On confond souvent ces deux formes de notre
énergie; dans les doctrines d'éducation physique ces notions ne sont ni assez précises, ni
assez familières aux instructeurs et aux personnes

chargées d'en constater les résultats. Cette ignorance leur fait même commettre souvent de
grossières erreurs de principe dans leurs appré-
ciations critiques.

Tout jugement basé sur la difficulté d'exécution d'un mouvement ou sur la sensation pénible
d'un effort intense localisé à quelques muscles,
nous porte à imputer à tort une grande dépense
de travail à ces exercices et à les choisir comme
moyens d'entraînement à la résistance à la fatigue.

C'est ainsi qu'on attribue aux exercices de
suspension et de locomotion avec les bras une
dépense excessive de travail nullement fondée.

Effort et travail. — En évaluant la quantité
de travail mécanique dépensée, on se trouve en
présence d'un chiffre brutal, et l'on constate
combien cette dépense est minime et dispropor-
tionnée avec la sensation qu'ils donnent. L'effort
est, il est vrai, péniblement réalisé et donne l'illusion de la grandeur, tandis que la difficulté de
ces exercices provient en réalité de notre inap-
titude au grimper, notre conformation bipède

nous demandant un effort d'adaptation considérable pour parvenir à une certaine habileté à ce
genre de travail.

L'effort se manifeste ici sous la forme de contractions intenses; les muscles obligés de soutenir la charge du corps sont adaptés aux mouvements du bras, leur fonction habituelle, mais
trop menus pour le grimper. L'élévation des
poids provoque également de gros efforts de
tension des muscles, sans pour cela demander
une grande somme de travail, l'effort alors excessif ne pouvant être répété souvent.

La marche, la course, les sauts, la natation,
le canotage peuvent au contraire se continuer
pendant longtemps; ces exercices répartissent
l'effort sur des masses musculaires capables
de les donner sans que la tension des muscles
dépasse le degré normal. Leurs contractions
rythmées régulièrement peuvent se répéter sans
grande fatigue et, finalement, l'organisme pouvant fournir une énorme quantité de travail
dans une journée, s'entraîne à la résistance à la
fatigue. C'est pourquoi les exercices de fond

diffèrent totalement des exercices de force sous le rapport de leurs effets.

L'énergie utilisée dans les machines présente ces modalités : énergie de tension, énergie de quantité. Telles sont la tension électrique et la force électromotrice, la tension de la vapeur et son volume dans un moteur à vapeur, la hauteur d'une chute d'eau et son débit. Ces facteurs du travail sont à distinguer dans les moteurs animés comme dans les machines motrices.

Quantité et qualité du travail. — Mais les moteurs animés sont plus exigeants que les machines : il leur faut certaines conditions de travail compatibles avec la vie, sinon leur rendement est très inférieur. Pour faire durer l'effort, il est indispensable de le mesurer par doses menues capables d'une réparation à chaque instant; les actes de la nutrition ne s'accommodent pas d'un travail précipité, désordonné; nous voudrions exécuter totalement les indications de nos désirs et de nos impulsions, nous en serions impuissants si nous ne donnons pas à nos organes les moyens et le temps nécessaires.

Le dosage de l'effort s'impose pour cette raison.

La quantité de travail capable d'être utilisé n'est pas notre seul objectif; la manière de l'exécuter peut avoir une très grande influence sur le résultat. Il y a beaucoup de manières d'effectuer un travail; l'attitude du travailleur, son adresse et sa souplesse peuvent favoriser son effort, diminuer sa fatigue ou altérer sa santé.

Un sujet est capable de travail soutenu, il a des qualités de fond, cela ne suffit pas; pour faire face à une grande dépense, il doit veiller à la qualité de son travail, il doit savoir adapter sa force musculaire à la résistance à vaincre, il ne doit rien perdre en efforts inutiles et éviter de troubler l'équilibre de ses fonctions.

En éducation, les éléments intéressants de l'effort se résument dans la quantité, la durée, la qualité, le but et même la moralité du travail.

Nous développerons plus loin l'importance relative de ces éléments et la raison d'être de leur étude; en envisageant seulement le mécanisme de nos mouvements, nous savons combien l'effort statique diffère dans ses effets de l'effort dynamique effectué sous la forme d'effort actif ou d'effort résistant.

Nous avons constamment l'occasion de tirer parti de ces modes d'effort dans nos divers travaux.

L'action de la jambe du marcheur est un effort résistant au moment du poser du pied, un effort statique de soutien pendant l'appui uni-pédal et un effort impulsif à la fin de l'appui. Dans la période de lever du pied où le membre inférieur fléchi oscille autour de la hanche, les muscles extenseurs des différents segments s'allongent et se reposent. La succession de ces différentes formes de travail des muscles dans la locomotion n'entraîne pas pour ceux-ci les inconvénients d'un seul mode d'effort.

Il y a toujours dans l'effort statique ou dans l'effort dynamique une tension musculaire, mais le second s'accompagne de mouvement, de déplacement du corps, de vitesse engendrée, de travail mécanique extérieur mesurable et son effet sur la circulation, la respiration et la nutrition du muscle est incontestable.

L'effort statique au contraire s'accompagne toujours du ralentissement du cours du sang dans le muscle, d'où lavage incomplet et apport insuffisant des matériaux de travail. Ce qui manque d'énergie au muscle fatigué doit être fourni par l'excitant nerveux, et plus l'effort statique se prolonge, plus l'intervention de cet excitant nerveux devient nécessaire.

La tension musculaire continue implique un travail chimique dans le muscle. La pression dans une chaudière ne peut se maintenir sans entretenir sous elle un foyer incandescent, il y a analogie évidente; mais le muscle s'accommode mal de ce genre de travail prolongé, le mouvement et l'action intermittente lui sont indispensables pour s'alimenter et se débarrasser de ses poisons, sa nutrition est troublée sans un bon rythme de travail, il se modifie même d'une façon toute spéciale. Rien n'est aussi pénible que de continuer longtemps un effort statique ou de rester figé dans une attitude d'immobilité.

.Cela finit par être même fort douloureux; on

se repose d'une station debout prolongée par la marche.

Un mouvement étendu et bien rythmé peut, au contraire se répéter longtemps, sans fatigue locale.

On a proposé de mesurer la force de résistance d'un sujet par le temps maximum qu'il met à soutenir un effort statique, et l'on a cherché à apprécier cette résistance au moyen du produit de l'effort statique par sa durée. Le nombre ainsi obtenu est une quantité proportionnelle aux deux éléments de l'effort : intensité et durée, mais ce produit abstrait ne représente ni un travail mécanique ni une qualité physiologique.

Le fait de se reposer d'un effort statique ou de l'immobilité prolongée par l'effet du mouvement indique nettement que ce dernier est la forme du travail convenant le mieux à l'organisme.

Tous nos actes locomoteurs sont périodiques et rythmés. On y voit se succéder alternativement les contractions concentriques et les contractions excentriques des muscles; c'est la condi-

tion normale du travail. Nos moyens artificiels
conçus en vue de notre perfectionnement ne
doivent pas dénaturer ce mécanisme; en abusant
des efforts statiques sans raison fondée dans la
gymnastique, il faut prendre garde d'aller à l'encontre du but poursuivi.

Effort et vitesse. — L'effort se manifeste encore
sous la forme vitesse et, dans ce cas, la dépense
d'énergie croît comme le carré de cette vitesse
pour une même masse et comme la masse à
mouvoir pour une même vitesse. Le travail
produit augmente ainsi suivant une loi d'accroissement très rapide.

Mais il y a lieu de distinguer; les contractions
musculaires sont autres dans les mouvements
vifs que dans les mouvements lents. Les
muscles dans la vitesse subissent des tensions
très fortes au début, et si les antagonistes n'in-
terviennent pas à temps, l'élan donné tend à se
continuer en vertu de l'inertie des masses et de
leur vitesse acquise, un choc se produira à la
rencontre des os en contact ou par la tension
des ligaments articulaires. Les changements

brusques de direction produisent les mêmes à-
coups utilisés quelquefois dans le lancer et le
coup de poing.

Ce serait une erreur grossière que d'attribuer
la vitesse de ces mouvements uniquement à la
grosseur des muscles moteurs; ceux-ci se con-
tractent vigoureusement dans une détente, mais
ils doivent surtout leur action rapide à la dé-
charge nerveuse soudaine accompagnée du relâchement des antagonistes n'opposant plus
ainsi de résistance à l'accélération du mouvement. La forme extérieure de ce mouvement
est d'ailleurs une indication de ce qui se
passe dans les centres nerveux moteurs.

Rôle des centres nerveux dans l'effort. — La
part d'affinement du mécanisme nerveux dans la
perfection de nos mouvements est essentielle;
elle est le résultat de notre attention avec laquelle nous donnons nos efforts et nous nous
efforçons de les coordonner pour obtenir leur
qualité.

L'acte volontaire, avant d'être exécuté, est
déjà réglé par cet effort d'attention; il est en-

suite extériorisé sous une forme dépendant de cet ordonnancement mental et l'on est presque autorisé à juger de la netteté de la décision par la qualité de l'acte musculaire ou du mouvement réalisé.

Ainsi, une contraction statique demande un effort volontaire continu et la tension des muscles suit toutes les phases de cet effort. Un mouvement lent demande une action continue de deux actions opposées : soit l'antagonisme de deux contractions musculaires, soit les actions contraires d'un muscle et d'une résistance.

Un mouvement vif présente des phases d'accroissement ou de retenue de vitesse ; les centres nerveux agissent alors comme régulateurs, leur excitation croît ou décroît, les actions d'arrêt interfèrent même avec les actions motrices sans l'intervention des forces musculaires antagonistes.

Ces observations semblent devoir compliquer à l'extrême la question de l'éducation de nos mouvements, mais, en réalité dans la pratique, tous ces détails nous échappent; l'éducateur n'a pas besoin comme le savant de les approfondir.

Il est néanmoins indispensable d'avoir une notion sur l'action générale des centres nerveux moteurs afin de ne pas confondre leur mode d'intervention dans un mouvement vif ou un mouvement lent et employer ainsi indifféremment l'un ou l'autre de ces modes d'effort dans des exercices servant à développer les muscles ou à utiliser leur action de détente.

La connaissance insuffisante de ces faits peut préparer des mécomptes facilement évités dans la pratique en remplaçant l'analyse par la synthèse; on devrait agir simplement d'après les lois naturelles, au lieu de raisonner à priori sur des faits complexes imparfaitement connus.

Nous nous sommes formés ainsi depuis l'enfance; nous n'avons pas attendu pour marcher qu'une méthode moderne nous l'apprenne. L'enfant en essayant de marcher, l'écolier lançant une pierre, résolvent des problèmes dont la complication effrayerait un savant spécialiste s'il était obligé d'expliquer en détail la nature et la raison de leur effort.

Pour être bien adapté, un acte musculaire doit être toujours réglé et dominé par une volonté. intelligente et sous le contrôle de nos sensations. Il n'est sans cela qu'un acte réflexe ou automatique. C'est à quoi aboutissent les efforts constamment répétés presque mécaniquement, sans changement. L'automatisme nous sert à combler les lacunes de notre volonté essentiellement intermittente et les faiblesses de notre attention qui ne peut être toujours tenue en éveil.

Les actes locomoteurs et presque tous les mouvements professionnels sont automatiques, ce qui nous évite d'y penser constamment, grand soulagement pour notre cerveau; ce ne sont pourtant pas tout à fait des actes réflexes comme les mouvements de l'intestin, du cœur ou de la respiration.

La répétition des mouvements est la condition essentielle de leur automatisme. Des écoliers répétant sans cesse les mêmes exercices de gymnastique, sans attention et presque sans effort de volonté, arrivent vite à ce point où l'intelligence n'a plus aucune part d'action.

Est-il besoin de faire remarquer combien un enseignement de ce genre est peu convenable à susciter l'effort personnel, le pivot de l'éducation.

Les mouvements saccadés et arrêtés ne peuvent prétendre à décomposer nos mouvements naturels; ils en diffèrent totalement sous le rapport du mécanisme et par la qualité. La continuité, l'indépendance et l'association des contractions utiles sont remplacées par des efforts statiques où la raideur et la brusquerie donnent l'aspect de l'ataxie et sont la charge de la vie. L'effort est inutilisable sous cette forme, ces procédés faux doivent disparaître de l'enseignement. On ne peut assimiler le corps à une machine composée de pièces démontables; c'est le contraire qui est le vrai : la réunion de bras, de jambes et d'un tronc développés à part ne fait pas un homme équilibré.

L'harmonie d'un ensemble n'est pas la juxtaposition des parties, c'est leur pénétration sous un seul commandement : l'ordre central.

En résumé, tous les modes d'effort ne sont pas également fructueux ; l'éducateur doit choisir ceux qui sont adaptés au mieux à notre nature et à nos besoins.

Livré à lui-même, l'élève trouverait peut-être à se diriger tout seul ; le rôle du maître est de le guider et non de supprimer son effort personnel. S'il est intelligent et conscient, il doit lui faire sentir ce qui constitue la base de son enseignement et établir le départ entre les lois naturelles et les conventions pédagogiques.

On ne tient pas assez compte des différences profondes existant entre l'enfant et l'adulte chez qui la faculté d'attention et l'entendement ne sont point identiques. Au point de vue du mécanisme des mouvements cette différence est aussi prononcée. Ayant moins de masse et des leviers plus courts l'enfant est, naturellement plus vif ; sa force motrice est, relativement à son poids, plus importante.

Pour une taille double la surface pulmonaire et cutanée de deux sujets est quatre fois plus étendue; le volume huit fois plus grand.

Le pouvoir respiratoire et la surface de refroidissement ne sont pas les mêmes dans les deux cas. Un enfant se jouera facilement d'un adulte par son agilité et sa facilité à changer subitement de direction. L'inertie de la masse force au contraire l'adulte à courir en ligne droite et rend difficiles les crochets, les contours sinueux et les arrêts soudains.

L'instructeur doit tenir compte de ces conditions pour régler ses mouvements et ses jeux.

III. — DIRECTION ET UTILISATION
DE L'EFFORT.

Effort utile et effort nuisible. — Il y a toujours dans un effort une idée et un but entrevu précédant sa réalisation; la direction est alors fixée, elle devrait toujours s'accorder avec notre perfectionnement et constituer un bienfait. Ainsi déterminée, la meilleure direction de nos efforts ne consiste pas dans des combinaisons de mouvements fantaisistes. La nature humaine doit d'abord être l'objet incessant de nos études, si nous voulons obtenir son harmonie et accorder nos efforts avec nos besoins.

La liberté est pour l'être vivant la condition nécessaire à son développement, trop de tuteurs empêchent les arbustes de se fortifier; il est préférable de se livrer aux joyeux ébats des jeux de plein air, que de se confier aux mains des théoriciens et des inventeurs de systèmes de gymnastique.

L'effort peut, en effet, nous être nuisible, il faut beaucoup de tact et de clairvoyance pour le bien utiliser. L'effort bien fait donne immédiatement son résultat; sa simplicité n'est pas une qualité aux yeux d'un observateur médiocre, on aime assez, en général, sentir chez celui qui travaille le mal qu'il se donne.

Les grimaces du visage, les contorsions des membres, la raideur du corps, la congestion ou la pâleur de la face, la turgescence des veines, la respiration haletante attirent l'intérêt sur l'athlète et le rendent sympathique. La foule croit en lui et l'applaudit en raison de la souffrance apparente endurée pour lui plaire, c'est sa manière de le remercier. En réalité ce martyr est un incoordonné et un maladroit, l'énergie apparente sur laquelle on s'extasie est de l'énergie perdue. Les bonnes machines sont silencieuses ; si elles s'échauffent et grincent, leur durée sera courte. Le même travail fait par un athlète bien éduqué n'aurait aucune apparence de souffrance et pourrait sembler facile.

Effort pénible, effort perdu. — Un effort pour être énergique n'est pas forcément d'apparence pénible. Cette idée fausse est cause de l'introduction, dans notre gymnastique militaire et contre toute règle naturelle, de procédés d'enseignement erronés demandant des efforts inutiles nuisibles et douloureux, sous prétexte de la recherche du plus grand effort. Éduquer n'est pas imposer des règles arbitraires, c'est diriger l'activité d'autrui de manière à faire aimer l'effort en l'utilisant au mieux.

La façon dont on enseigne à nos recrues à marcher, à courir, à sauter et en général à se mouvoir, n'est pas conçue en vue d'obtenir ce résultat. Les auteurs des innombrables traités d'éducation physique, souvent aussi vides qu'ennuyeux, semblent s'être entendus pour s'éloigner à dessein des actes naturels. L'éducation consisterait pour eux à ne plus rien faire de simple ni de normal et à nous dresser à des habitudes qui contredisent le simple bon sens.

Nous avons, comme le chat, des membres admirablement articulés, il s'agit de savoir s'en servir comme lui, tels qu'ils sont, et non de leur enlever leurs qualités motrices. Nos jambes sont souples et élastiques, par une éducation fausse nous les rendons raides et maladroites. Nous en perdons ainsi toutes les qualités sous le nom d'une gymnastique dite rationnelle.

Cela n'aurait pas lieu si nous ne dépensions pas nos forces en pure perte, pour la parade ; si nous voulons dépenser beaucoup, doublons notre travail, mais ne gaspillons pas notre énergie inutilement. Comme nous l'avons déjà dit, un moteur qui grince et dont la chaudière fuit de toutes parts est à renvoyer à l'usine pour la réparation.

Faisons une bonne fois merci de nos conventions absurdes que d'ailleurs aucun spécialiste de la boxe ou de l'escrime n'accepterait, et donnons à la préparation au service militaire et à la vie un caractère vraiment éducatif en en-

seignant ce qui doit être dans la vie ou à la
guerre une réelle supériorité. La résistance à la
fatigue, la force et la souplesse, la hardiesse et
l'adresse, voilà les qualités qui importent. Rendons nos efforts intelligents et soyons adroits
en toute circonstance. Il y a, en dehors de
toute spécialisation, une éducation générale des
mouvements qui arrive à ce résultat en préparant à tout; mais il faut comprendre par exercices d'assouplissement des mouvements conçus
dans un autre esprit et basés sur d'autres principes que les préjugés courants. Les exercices
saccadés et raides ne peuvent assouplir. Nous
verrions avec bonheur notre pays entrer franchement dans la voie d'une éducation vraie en
cultivant réellement les qualités de notre race; on
aurait alors des résultats féconds et inattendus.

Cette voie n'est ni dans la restriction de nos
moyens par des conventions scolastiques ni la
liberté désordonnée de gaspiller notre énergie
dans des efforts inutiles. Les exercices du
cirque, l'athlétisme outré et individuel ne sont
pas une sage solution.

Certains groupements très intéressants ont pris la charge de l'éducation de la jeunesse, ils sont dirigés par des hommes de valeur, énergiques, habiles à la propagande, mais ils ont des techniciens d'une compétence douteuse et ne sont pas assez mûrs pour se diriger d'eux-mêmes.

L'ardeur avec laquelle ils défendent leurs traditions n'est pas une garantie de la solidité de leurs doctrines. Il serait regrettable que tant de bonnes volontés échouassent au port faute de direction. Si on peut encore les guider et les éclairer, il serait impardonnable de se taire, on leur éviterait ainsi de dures déceptions et de cruels découragements.

Les exercices improprement appelés artistiques, l'art n'ayant rien à y voir, peuvent être une récréation amusante, ce ne sont pas là des applications pratiques pour le soldat ; tel d'une habileté surprenante à exécuter des tours de barre fixe peut n'avoir ni fond ni aucune des qualités de robustesse qui font le guerrier combattant.

J'ai, dans *l'École française*, exposé en dé-

tail ce qui doit constituer notre base d'éducation et j'ai montré l'erreur de confondre l'école
d'Amoros avec ces superfluités. Il faut bien connaître les mouvements et leurs effets pour en
déduire un entraînement aux exercices naturels.

Effort intelligent et fécond. — Les efforts
sont donc féconds ou stériles s'ils sont bien ou
mal dirigés. Il en est qui vivifient, il en est
aussi qui tuent. Certes on a raison de faire sortir la jeunesse de son apathie et de lui demander
des efforts énergiques, mais il faut lui conseil-
ler des moyens les plus avantageux pour cela.

Il ne faut pas négliger les exercices simples
et naturels, ce sont eux qui ont fait les races
antiques, ont donné la robusticité aux peuplades
guerrières. Les appareils de suspension et
d'appui sont encore pour beaucoup de vrais
fétiches qui procurent toutes les vertus et en dehors desquels il n'y a plus d'effort énergique.
C'est un acte d'honnêteté scientifique et de bonne
moralité de reconnaître cette erreur et de rompre
avec des préjugés que tout condamne. Il faut
tirer des exercices de suspension ce qui peut

nous servir dans l'application et laisser le reste.

Il est temps de faire sortir la gymnastique de l'ornière dans laquelle elle est embourbée. Les sportifs et les gymnastes sont divisés ; c'est là une erreur regrettable qui diminue la portée de leurs efforts. Je souhaite leur union et de voir les choses remises au point.

En étudiant les effets de l'exercice[1], j'ai toujours insisté sur la différence fondamentale entre l'adaptation du corps à des efforts locaux et à des locomotions spéciales ou son entraînement à une grande dépense de travail généralisé à toute la masse musculaire.

La résistance à la fatigue, l'endurance est la conséquence de cette dépense et de l'harmonie fonctionnelle qui se produit pour y faire face. L'organisme est alors un moteur souple, capable d'une somme d'énergie qui augmente avec la dépense dans une certaine mesure.

Cette notion pourtant si claire est encore pres-

---

1. *Mécanisme et éducation des mouvements* (Paris F. Alcan).

qu'ignorée ; on s'étonne encore de l'infériorité
de nos gymnastes grimpeurs dans les exercices
de fond, dans la course en particulier. L'expli-
cation en est bien simple : les exercices de locomotion avec les bras, si violents qu'ils parais-
sent, ne peuvent donner la résistance au fond
puisque jamais ils ne sont l'occasion d'une dépense de travail comparable à celle d'une course
de fond.

Un moment d'attention portée sur ces faits
suffirait à éviter bien des mécomptes, mais pour
cela il faudrait assez d'indépendance d'esprit
pour attribuer la cause des insuccès à une mauvaise direction de l'effort et au mauvais choix
des moyens employés.

Le perfectionnement de nos mouvements ne
peut être mené bien loin avec des actes schématiques n'ayant rien de commun avec nos mouvements naturels. Les assouplissements employés encore dans l'armée sont même des
moyens faux d'éducation, puisqu'ils n'habituent
pas à mettre dans les actes de la vie usuelle le
liant, le moelleux et l'à-propos qui distinguent

les mouvements bien faits des mouvements maladroits.

La gymnastique ne doit pas nous enlever nos qualités innées mais au contraire les augmenter. La loi de l'éducation physique c'est de perfectionner les fonctions en en conservant l'harmonie. Ceci s'adresse aussi bien à nos organes locomoteurs qu'à notre respiration. Quand on saura appliquer ce principe fondamental, alors seulement tous nos efforts seront utilisés et nous donneront des résultats véritablement sérieux et inattendus.

IV. — DOSAGE ET LIMITE DE L'EFFORT.

Dosage de l'effort. — Pour aller loin et longtemps il faut marcher *piano*, dit le proverbe.

C'est là un fait d'expérience indiscutable contre lequel on pêche presque toujours. Que ne réussirait-on pas si l'on agissait toujours avec mesure et sagesse en réglant son activité et en la maintenant sous la domination de la volonté ! Mais la plupart du temps on court au but sans préparation et sans entraînement, la passion ou le lucre nous emportent sans réserve, on épuise sa santé en quelques flambées et l'on s'imagine pouvoir goûter le repos après un surmenage durant des années et un équilibre fonctionnel tout à fait compromis.

Le travail excessif nous est aussi funeste que l'oisiveté; l'activité modérée et continuelle est la condition d'entretien de notre vigueur et de nos facultés. Nous ne pouvons remplacer un travail prolongé mais doux par un effort violent, même abrégé; la machine humaine ne s'accommode pas d'une dépense massive et soudaine, il lui faut une alternance d'activité et de repos, un rythme convenable de travail.

Combien de jeunes gens se tuent dans des efforts excessifs, combien d'athlètes sont devenus inférieurs à la moyenne et ont abrégé leurs jours par surmenage inutile; combien d'hommes d'affaires ont cru régler leur vie à souhait en dépassant la limite de leurs forces pour acquérir la fortune mais ont été incapables d'en jouir, devenus malades trop jeunes.

S'ils avaient su concilier le plaisir sain de l'exercice avec le travail, n'auraient-ils pas été plus heureux? Mais la folie de l'effort mène au dérèglement et au déséquilibre.

J'ai connu des jeunes poussés inconsciemment vers les griseries musculaires, ils avaient perdu la sensation de fatigue, cet avertissement instinctif nous invitant au repos. Ils étaient arrivés à ce degré d'intoxication qui annihile la sensibilité et nous anesthésie au point de ne pas voir les conséquences du travail forcé. Après une période d'état semblant satisfaisant, les accidents de la fatigue éclatent tout à coup chez un sujet ayant l'apparence de la vigueur, mais en réalité moins résistant et succombant au moindre accroc.

Les passions, les excès, l'intempérance sous toutes formes produisent le même résultat; l'organisme alors appauvri n'a plus le moyen de se refaire, le taux de notre énergie baisse jusqu'à l'épuisement complet.

Les passions sont les grandes coupables de ces désordres en empiétant sur la volonté et la remplaçant par des impulsions irrésistibles. Plus la volonté cède, plus la chute s'accélère et moins on trouve d'énergie morale pour les vaincre.

Les efforts aveugles et insensés quels qu'ils soient, héroïques même, laissent leur trace dans l'organisme épuisé par toute dépense excessive et soudaine.

L'effort doit donc être manié avec prudence comme mode de perfectionnement, il doit être dosé et approprié à chaque instant à l'état de chacun.

Mais qu'entend-on par « dosage de l'effort » ?

Capacité en travail. — J'ai déjà signalé à propos de l'effort la confusion habituelle entre l'effort musculaire et le travail. On croit doser le travail des muscles en le restreignant à l'intensité de la tension musculaire, tension déterminée à priori, sans expérience. La plupart des affirmations à ce sujet manquent de preuves.

La valeur physique d'un homme doit se mesurer à sa capacité en travail; la somme de travail produit dans un temps donné dépend de la façon dont il travaille, de la qualité de son travail et non de la précipitation et de l'emportement avec lesquels il l'effectue.

Le maladroit qui gaspille ses forces en pure perte gagne en rendement quand il s'étudie à coordonner ses mouvements. La capacité en travail dépend évidemment de l'économie de la dépense, mais surtout de la facilité avec laquelle on répare ses forces, c'est-à-dire de l'intensité et de la vitesse des échanges nutritifs.

Classement des exercices d'après leur dépense. — Le classement des exercices suivant leur dépense est une chose encore bien inconnue; il ne faut pas songer à rechercher la précision mathématique, mais on pourrait cependant lui donner une base plus solide et ne plus prendre l'effort statique pour du travail ni confondre l'effet de l'effort localisé avec la fatigue générale. L'état de la science n'est pas encore très avancé, le calcul approximatif du travail mécanique et physiologique dans un cas un peu compliqué est une vraie tâche de bénédictin.

J'ai essayé de le faire dans les cas simples de la locomotion et en me servant des données expérimentales de la chronophotographie[1].

J'ai obtenu des résultats déjà intéressants, mais sans valeur absolue.

1. Voir *Mécanisme et éducation des Mouvements* (Paris, F. Alcan).

Énergie nerveuse et énergie mécanique. — La mesure de la dépense de l'énergie nerveuse est encore plus délicate, elle échappe complètement à nos moyens de recherche et on en est réduit à l'estimer par sa transformation en énergie mécanique; on néglige l'énergie dépensée sous forme chimique calorifique et électrique.

On ignore d'ailleurs absolument en quoi elle consiste et quel rapport de quantité peut exister entre l'action excito-motrice des centres nerveux et le travail mécanique dû à la contraction du muscle.

Il y a seulement des indications dont on doit tenir compte; on sait par exemple que la contraction énergique et prolongée des muscles épuise nos centres moteurs; les contractions modérées au contraire, avec mouvement de grande étendue et réparties sur les différents segments du corps, délassent et ont une action sédative sur les nerfs. Cela prouve encore une fois que la dépense en travail doit être faite sous forme de mouvements et non dans des attitudes immobiles. Les exercices exigeant le déplacement du corps entier : la marche, la course, les sauts et les jeux sont les grands dissipateurs d'énergie; la grandeur de la masse en mouvement et sa vitesse mesurent l'intensité de l'exercice, les mouvements des membres isolés sont un travail insignifiant.

Dans la mesure du travail musculaire au point de vue de l'éducation trois facteurs nous intéressent : la tension musculaire, l'étendue du mouvement et le temps pendant lequel on agit.

Dans la mesure de l'effort on peut explorer la tension du muscle par sa dureté et son changement de forme, mais la force absolue n'offre pas grand intérêt; les mêmes muscles seront capables de donner des efforts variables suivant l'état nerveux de l'individu, suivant leur degré de raccourcissement, suivant l'angle des segments osseux, suivant la résistance des antagonistes. A mesure que ses points d'insertion se rapprochent, les conditions du travail du muscle changent comme l'excitation nerveuse motrice.

Les efforts musculaires de deux sujets semblables sont proportionnels aux carrés de leurs tailles, les poids du corps ou de ses parties sont proportionnels à leurs cubes, nous en avons tiré des observations au sujet de l'aptitude des enfants à la vitesse.

Les haltères, les massues, les résistances de toutes sortes comme les luttes sont des moyens d'augmenter la dépense de travail dans les mouvements.

Les appareils fixes de gymnastique servant au grimper semblent nous demander une dépense de travail plus grande que la locomotion avec les jambes; nous avons déjà fait merci de cette illusion. Ils intervertissent tout bonnement les actions des muscles moteurs du bras qui, devenus moteurs du tronc subissent une grande fatigue locale; de plus la résistance à vaincre reste constante, égale au poids du corps.

Vitesse et travail. — Le travail dépensé augmente vite avec la vitesse des mouvements, il se mesure à chaque instant par la variation de force vive des masses mises en action. La vitesse est un des moyens les plus énergiques de graduer l'intensité du travail ; mais on ne peut toujours accélérer la cadence liée elle-même à la taille et au poids de l'individu. La cadence optimum dépend aussi de la vitesse des échanges nutritifs, les sujets de petite masse et à respiration active ont les mouvements très vifs ; l'insecte et l'oiseau-mouche sont des types de vitesse excessive. Le vieillard au contraire réduit sa vivacité avec l'âge, il mesure ses forces à son pouvoir réparateur ; il devient économe par nécessité.

Cependant l'effort est encore nécessaire au vieillard pour entretenir ses fonctions ; mais il doit être très doux et très mesuré. L'âge physiologique ou le degré d'avancement dans l'évolution vitale doit fixer pour chacun la dose d'effort compatible avec son équilibre physiologique et nécessaire à l'entretien de cet équilibre. La vitalité se manifeste par la rapidité avec laquelle l'organisme se refait, la vigueur de nos efforts est en raison de l'état de nos échanges nutritifs.

La mise en train. — Mais elle n'acquiert pas

de suite sa valeur totale ; pour passer du repos au travail, le corps doit s'adapter petit à petit à ce nouvel état, c'est la mise en train. Dans la course, par exemple, l'équilibre des fonctions ne s'obtient pas d'emblée, il faut un certain temps pour établir le régime de travail et mettre le corps dans les conditions nécessitées par la nouvelle dépense d'énergie.

Le point de départ de l'effort est dans les centres nerveux qui commandent aux muscles : ceux-ci en se contractant et en s'allongeant activent la circulation, le sang artériel se transforme en sang veineux. Les centres respiratoires ressentent le contre-coup de la présence d'acide carbonique, un sang plus chaud et plus impur leur est distribué. C'est pour eux un excitant qui a pour effet immédiat d'amplifier les mouvements d'inspiration. L'expiration se réduit, le rythme respiratoire se précipite et la ventilation du poumon se fait mal. L'aspiration thoracique due aux inspirations profondes crée un appel anormal de sang dans le cœur et le poumon ; de là, imperméabilité partielle du poumon par stase sanguine et gêne dans le travail du cœur. La pression artérielle descend, le sang coule avec facilité dans les artères, et la poussée de sang veineux qui arrive en abondance à la poitrine tend encore à congestionner le cœur et le poumon.

Tel est le tableau du début; mais à ce moment les capillaires se dilatent, les vaisseaux du poumon et les canaux aériens s'ouvrent largement, le cœur bat et règle son rythme sur la résistance opposée par la circulation du poumon et d'après l'excitation nerveuse qu'il subit; il débite la quantité de sang qu'il reçoit d'après celle qui traverse le poumon et le régime de travail ne tarde pas à s'établir si la respiration est bien réglée.

S'arrête-t-on subitement, le travail musculaire cesse, mais le cœur et les mouvements respiratoires ne se calment pas immédiatement, ils continuent leurs mouvements exagérés; ce sont les muscles qui vont maintenant constituer un obstacle au cours du sang. Si les capillaires se resserrent, le ralentissement du cours du sang s'accentuera et le cœur, n'étant plus aidé dans son travail par la contraction périodique des muscles, aura beaucoup de mal à se débarrasser de l'excès de sang dont il est gorgé, voilà la période secondaire.

A ce moment, pour soulager le patient il faudra le faire coucher horizontalement, lui donner un bain chaud, le masser légèrement pour activer le retour du sang veineux ; de petits mouvements doux rétabliront le calme plus vite que le repos absolu.

La limite de l'effort raisonnable. — On ne peut fixer *a priori* pour chacun la limite de l'effort utile, d'ailleurs cette limite peut être reculée fort loin par un entraînement bien conduit. Certains, très sensibles à l'auto-intoxication par le travail, ont beaucoup de peine à éliminer les déchets qu'ils produisent. Leurs sensations peuvent donner des indications précieuses dans ce cas et l'examen du sujet après l'effort, quoique chose délicate, permet de constater aussi le moment où la limite de ses forces est dépassée.

Dans les laboratoires on examine la courbe

du travail à l'ergographe, le temps de réaction et la forme de la secousse du muscle, la durée d'un effort de pression de la main, la perte de poids quelquefois soudaine et exagérée, l'augmentation de la durée du double appui dans la marche, la position de la pointe du cœur, dans l'attitude couchée sur le côté, le déplacement et le changement de volume des organes, la répartition du sang dans les diverses parties du corps, la veinosité, le retour pénible du sang au cœur, le pouls veineux, le changement de coloration de la face et des lèvres, la dilatation de la pupille, l'attitude générale, les bruits de souffle cardiaque et pulmonaire.

Mais en dehors de ces faits trop difficiles à saisir, la perte d'appétit et de sommeil, la nervosité, les troubles cérébraux, l'état des urines sont des indices de quelque valeur.

Ces derniers moyens pratiques seront préférables à des expériences délicates demandant un expérimentateur fort habile et d'où l'on peut tirer souvent des conclusions erronées. Un graphique et une analyse ne valent que par le talent et le perspicacité de l'auteur, il ne faut pas l'oublier.

L'effort doit donc être modéré pour être salutaire, surtout quand on avance en âge. Les rejetons des athlètes fatigués ne sont pas toujours brillants; les qualités athlétiques acquises par des moyens artificiels ne se transmettent pas héréditairement; bien au contraire, les athlètes étant presque toujours des gens surentraînés, présentent les plus mauvaises conditions pour la procréation.

Un éleveur avisé ne choisira jamais, pour reproduire une race de chevaux, un étalon fatigué par un travail excessif, l'expérience lui en a indiqué les inconvénients. Tous les professionnels de l'athlétisme abusent de leurs forces et conservent rarement leur vigueur et leur souplesse jusque dans un âge avancé. Leur vie est souvent abrégée par leurs efforts; ils sont les victimes de leur dévouement ou de leur vanité, ils donnent trop et n'ont pas le bénéfice réel de l'exercice.

On peut se perfectionner à tout âge, à la con-

dition de conserver l'énergie morale qui tient
le corps sous sa domination; on ne vieillit pas
si l'on ne veut pas se laisser vieillir, la vieillesse commence quand la tête faiblit; l'exercice
est le seul moyen de remédier à cette déchéance
en le pratiquant toujours, bien entendu, sans
excès.

Nous avons laissé de côté l'usage des exci-
tants du système nerveux que l'on confond trop
malheureusement avec les aliments de force; tels
sont la coca, le kola, l'alcool, la thyroïdine et
même le café et le thé. On ne renforce pas sa
volonté par des poisons, on la dégrade sans
conteste; c'est en nous de trouver nos énergies
et non dans des bocaux pharmaceutiques. L'air,
la lumière, la nourriture simple et frugale,
doivent suffire à réparer nos forces et même à
les augmenter, tout le reste n'est qu'illusion et
habitudes dangereuses.

V. — Besoin et habitude de l'effort.

Le besoin d'effort. — Dans la nature l'être vivant est soumis à l'obligation de l'effort, sous peine de n'avoir pas son compte de vie ou la pleine satisfaction de ses besoins.

Je m'arrête dans la campagne, une belle matinée d'été et j'observe. Tout est en mouvement autour de moi. Oiseaux et insectes s'agitent, courent chercher leur nourriture, s'accouplent, luttent et rivalisent d'agilité et d'adresse. Tous ces efforts ont leur but et en les accomplissant, la vie étend son domaine et chaque être devient plus parfait.

Le travailleur des champs subit la même loi; si l'amour du lucre ne lui enlevait pas le souci de son hygiène, s'il savait mettre de la mesure

dans son travail, il se perfectionnerait comme
tous les autres êtres et se conserverait longtemps en état de vigueur et de santé. Mais le
paysan ne sait pas jouir des bénéfices du milieu
sain et naturel dans lequel il vit; sa vieillesse
est accablée d'infirmités, il se met dans des conditions matérielles déplorables qui abrègent ses
jours; l'absence de culture morale, la privation
d'occupations intellectuelles diminuent la part
d'action dominatrice du cerveau, celui-ci s'en-
dort et avec lui baisse la vitalité de l'organisme.

Ainsi s'explique la vieillesse prématurée de
créatures à qui manque l'excitant principal de
la pensée. L'intérêt est l'occasion d'une somme
d'efforts quelquefois excessifs, c'est aussi une
source constante de soucis. L'idée fixe et continue de s'enrichir, ne donne ni la joie ni la
gatté comme la passion de l'idéal, l'amour de
la science et la recherche de la vérité.

L'homme des champs fait du mouvement et
produit du travail, mais ce travail le fatigue,
il est souvent excessif, porte sur les mêmes parties du corps et ne délasse pas comme le mou-

vement étendu et varié. Les soins de la peau lui étant absolument inconnus, la malpropreté complète ces habitudes si fortes et sa maison, son lit, sa cour, son fumier, forment un milieu des plus malsains dans lequel il se complaît.

D'autre part le citadin aisé ou fortuné, le rentier oisif souffrent d'un état de pléthore et de rassasiement encore plus dangereux que le surmenage du campagnard. Comme les animaux domestiqués et gavés auxquels on supprime tout travail, ils sont gras et somnolents, ils n'ont plus de désirs ou ils manquent de volonté pour les satisfaire, ils souffrent des troubles de nutrition toujours imparfaite et deviennent le terrain de culture idéal pour les maladies.

Un grand effort est nécessaire pour se tirer de cette misérable situation créée par trop de bien-être, car il faut choisir : la santé avec l'exercice ou les malaises constants avec la mollesse. On doit s'astreindre à une dépense quotidienne de travail et rechercher des occupations actives aussi nécessaires à l'esprit qu'au corps, si l'on veut renaître à la vie.

Mais l'effort demande une ferme volonté, quand on n'est pas forcé d'agir par nécessité, ou invité par la passion. On remet volontiers au lendemain l'accomplissement de ses projets, on les abandonne pour le *dolce far niente*, et l'on se laisse aller à la paresse, d'où on ne pourra plus sortir.

Un jour de révolte contre sa torpeur, on fait l'achat d'haltères et d'appareils de toutes sortes, malheureusement on n'acquiert pas avec eux le courage, et ces instruments d'énergie sont bientôt remisés au fond d'une armoire, oubliés et délaissés.

Il faut un mobile à l'effort. — A l'effort il faut en effet un mobile et un excitant, les machines inertes ne suffisent pas aux paresseux, rien ne vaut le travail en commun et l'exemple. Les associations sportives avec leurs fêtes et leurs concours ont la qualité de nous tirer de notre apathie et de nous faire agir; elles ont cependant l'inconvénient de nous pousser quelquefois trop loin.

Le but de l'effort doit être toujours dirigé en

vue d'un bénéfice réel, soit pour nous soit pour la collectivité; et ce but comprend notre intérêt dans le sens le plus vrai et le plus large, sans jamais compromettre notre santé ni diminuer notre vigueur physique.

L'idéal serait d'associer le bénéfice hygiènique au bénéfice du travail lui-même; cela se rencontre quelquefois mais assez rarement. Le métier nous sert à gagner notre vie, mais souvent nous mettant dans des conditions malsaines, nous devons encore travailler pour compenser ses mauvais effets.

C'est là le rôle vulgaire attribué à l'éducation physique, mais ce rôle restreint doit s'étendre à notre travail lui-même en nous apprenant à bien travailler.

On peut établir ainsi un lien entre deux modes d'activité qui semblent au premier abord distincts et même en opposition. Mais cette opposition disparaît quand on sait appliquer les lois du travail et le rendre économique dans le vrai sens du mot.

Habitude de l'effort. — Comme tous les actes

de notre vie l'effort est soumis à la loi de l'habitude ; ce qui nous était impossible devient facile par la pratique, nous faisons aisément un travail d'abord pénible en nous y préparant et en le fractionnant par petites doses bien graduées. L'état d'entraînement n'est pas autre chose que l'habitude de l'effort ; il constitue un équilibre nouveau de nos fonctions, celles-ci continuent à s'accomplir régulièrement et sans trouble pendant une dépense importante de travail. L'état d'un coureur n'est plus celui de l'homme au repos ; s'il partait d'emblée à toute vitesse, il succomberait bientôt à la suite de ses efforts ; la mise en train lui est nécessaire pour éviter les désordres circulatoires ; le rôle de l'innervation dans cette mise en train comme dans le retour au repos est des plus importants.

L'homme entraîné se reconnaît à sa facilité à produire du travail ; sa puissance en énergie ne se mesure pas aux dimensions extérieures de sa poitrine ni à la grosseur de ses muscles mais se constate par une épreuve de fond.

De même la précision de nos mouvements,

la facilité avec laquelle nous accomplissons un acte compliqué ne s'acquiert pas seulement par le travail opiniâtre mais surtout par ses qualités dès le début. Cela est vrai pour un pianiste comme pour un joueur de billard et nous indique le moyen de bien travailler et d'aborder une difficulté nouvelle avec succès.

On peut rattacher ces résultats de l'habitude au fait d'une nutrition devenue plus facile dans les organes qui travaillent. Tout progrès est un acte d'adaptation et dépend d'une bonne habitude; nos fonctions s'accomplissent mieux sous l'action d'un effort intelligemment dirigé.

L'habitude de l'effort est profondément moralisatrice; une vie active et bien remplie rend l'homme heureux. On est récompensé doublement par le plaisir de l'effort accompli, nous donnant conscience de la possession sûre de soi-même et par la conservation plus complète de ses facultés.

L'exercice est la condition même de l'intégrité de celles-ci; le secret d'une verte vieillesse et de la longévité est dans la sobriété, le régime de

vie et l'effort continu. *Ne crains pas d'aller len-
tement*, dit un proverbe chinois, *mais seulement
de t'arrêter en route.*

Il n'y a plus d'âge pour celui dont la volonté
ferme, toujours prête à agir, tient sous sa domination un organisme en bon état.

La jouissance sans modération met bien vite
l'homme dans un état d'infériorité; l'oisiveté et
la mollesse engendrent tous les vices.

La mère de famille a le devoir d'élever ses enfants dans l'habitude de l'effort, si elle veut leur
éviter les déceptions d'une lutte inégale dans laquelle ils auront toujours le dessous. Les paresseux sont des malades à plaindre ou des enfants
mal élevés qu'il faut corriger; ils portent en eux
les causes de leurs malheurs, leur vie même
dorée par la fortune est triste et peu enviable.

Agissons en vue du bien et nous serons heureux. La moralité la plus haute réside dans le
devoir que l'on s'impose de se perfectionner
sans cesse; ce n'est pas un rêve, l'effort grandit
l'homme et fait produire à la société les plus
beaux fruits.

VI. — Conscience de l'effort.

Idée précédant l'effort. — Je veux accomplir
un effort; j'y porte mon attention; je ne connais
point la structure et le nom de mes organes mais
je sais que je puis les mettre en action; j'en ai
la sensation bien nette et si le mouvement a été
mal exécuté, je le recommence en m'efforçant
de le corriger. Si je veux agir au mieux, je ne
compte pas seulement sur mes muscles, je dois
penser au résultat à obtenir avant d'agir et à
adapter ensuite mon effort à ce résultat. Sans
intelligence mon acte est imparfait, grossier,
massif ou brutal, en tout cas incertain. Je n'y
trouve ni satisaction ni plaisir, je le recommen-

cerai dans les mêmes conditions sans être plus avancé; d'ailleurs j'hésite à le faire, ignorant pourquoi je n'ai pu le réussir et ne sachant comment je le ferai mieux.

Mon acte, s'il a été maladroit et irraisonné n'a pas cependant manqué d'énergie; l'effort était intense, il m'a causé de la douleur et de la fatigue mais il était mal utilisé; il mettait en jeu des muscles inutiles et les efforts partiels ne s'accordant pas entre eux contre la résistance à vaincre, devenaient en partie nuisibles pour cette raison.

Comment choisir en effet dans un groupe de muscles déjà contractés les actions utiles et les actions superflues; comment corriger les fautes et les erreurs en recommençant avec le même insuccès ?

Pour apprendre à dessiner proprement, faut-il noircir son papier de traits en tous sens et effacer ensuite ce qui est mauvais, ne vaut-il pas mieux réfléchir et se figurer à l'avance l'image à reproduire? L'art du dessin ne sera jamais un art mécanique, et ceux qui n'ont point la faculté de se représenter mentalement les formes des objets, feront bien de l'abandonner.

Cependant le croquis de l'artiste n'est pas parfait d'emblée, par une série de tâtonnements et de retouches celui-ci se rapproche toujours du modèle ; il en est de même de tout mouvement qui se perfectionne sans cesse : la première condition est la décontraction complète pour laisser la voie libre à l'excitation nerveuse, ensuite il faut diriger celle-ci et l'empêcher de se propager sans ordre et de se perdre inutilement.

On arrive assez facilement à isoler l'action des principaux groupes musculaires et cette indépendance est le premier acte de bonne coordination ; on doit associer ensuite ces actes indépendants. Ceci ne peut se faire pendant un effort massif qui rend les sensations confuses et abolit tout contrôle intelligent.

Sensation de l'effort. — Pour ressentir les nuances délicates de l'effort, il faut porter notre attention sur les sensations musculaires et cultiver en même temps notre pouvoir excito-moteur et notre pouvoir d'arrêt, afin d'ajouter ou retrancher de nos contractions ce qu'il faut pour les rendre à chaque instant utilisables avec profit, en leur donnant juste la valeur convenable.

La sensibilité joue un grand rôle dans le perfectionnement de nos mouvements. C'est elle qui nous fait corriger nos incorrections sans pour cela nous obliger à les raisonner ;/ chez l'ataxique la perte de la sensibilité aggrave son état et le secours de la vue lui est alors indispensable pour l'équilibre, il ne peut alors se tenir debout dans l'obscurité.

Une forte douleur nous masque nos sensations et altère nos mouvements.

Si nous avons mal au pied, il nous est impossible de nous mouvoir avec souplesse, nous modifions notre allure en vue d'éviter la douleur et nous délaissons toute réalisation économique ; nous boitons et notre claudication obéit à la loi de la moindre douleur comme notre locomotion normale obéit à la loi du moindre effort.

Représentation mentale de l'effort. Clavier musculaire. — Le perfectionnement de nos mouvements dépend donc des sensations ressenties dans tous les essais et tâtonnements antérieurs. Les mouvements bien faits et bien réussis laissent une trace qui nous permet de les recommencer avec plus de sûreté; s'ils sont simples et isolés nous pouvons encore en associer les sensations, et donner naissance à une sensation intime éveillant l'image mentale représentative d'un mouvement plus complexe et plus difficile. Cette sensation intérieure précède le mouvement voulu mais non encore exécuté, elle diffère essentiellement de la mémoire ou du souvenir, c'est une véritable opération mentale.

Il se forme donc dans les centres nerveux moteurs des associations ou *contacts* des cellules motrices chargées de commander aux muscles et cela avant que le mouvement soit exécuté, on conçoit ensuite que le mouvement contribue à la formation définitive de ces associations et à l'organisation la plus complexe des centres sensitivo-moteurs; il faut d'abord commencer par des actes simples mais précis, toujours bien maîtrisés, pour arriver à jouer de son *clavier musculaire* comme un organiste habile tient en main tous les *registres* de son instrument.

Volonté et action d'arrêt. — La volonté, l'inhibition et la sensibilité sont les trois facultés toujours en présence qui nous servent à exécuter nos mouvements suivant nos désirs. L'inhibition est un mode de la volonté, mais un mode négatif qui règle à chaque instant notre pouvoir excito-moteur ; la sensibilité nous éclaire et nous donne conscience de la valeur de notre effort pour le modifier et le corriger à propos.

Quand le pouvoir d'arrêt nous fait défaut, les réflexes n'étant plus alors maîtrisés l'emportent sur les actes volontaires ; c'est le tableau de l'impulsif, emporté par la passion, chez qui le moindre choc ou une sensation vive déclanche une série de mouvements de défense ou d'actes désordonnés. L'éducation de la volonté menant à la maîtrise de soi-même peut seule nous donner le pouvoir régulateur indispensable à notre activité.

En résumé, agir, sentir qu'on agit et comment on agit, rester toujours maître de ses actes et en avoir la conscience bien nette, ce sont là des conditions et des qualités nécessaires à notre perfectionnement.

Ces qualités ne s'exercent point dans l'automatisme ; les actes automatiques ont l'avantage de reposer notre attention, mais ils n'ont pas de valeur éducative car, une fois fixés, ils ne sont plus modifiables.

Manière de travailler. — Pour apprendre un mouvement nouveau, il faut d'abord s'en faire une idée aussi nette que possible, puis essayer de le réaliser en l'ébauchant et le reprendre en s'efforçant toujours de se rapprocher de la perfection.

En réalité, il s'agit de donner aux centres nerveux moteurs une impression ou une empreinte de plus en plus précise de leur action. Un acte incertain, mal réalisé, distrait, ne peut que donner des sensations confuses et fausser les résultats. Pour cette raison, il faut s'arrêter quand l'exécution a été réussie et surtout ne pas recommencer pour faire moins bien que précédemment. Il ne faut pas non plus s'acharner à répéter le même acte, sans chercher à l'améliorer ; la répétition ne peut que causer la fatigue, jamais le progrès, et la fatigue enlève aux sensations la netteté si nécessaire à la maîtrise du mouvement.

Nous avons vu l'éducation d'un mouvement répondre à une organisation réelle de nos cellules motrices ; cette organisation doit être conforme à l'exécution la plus parfaite. L'excitation du centre moteur est alors mesurée à l'effort et limitée au territoire musculaire le plus restreint, c'est-à-dire aux muscles ayant une action synergique absolument définie. On apprend ainsi à jouer de son clavier musculaire et à en tirer des accords harmonieux. Tout mouvement qui ne réalise pas cette harmonie est un mouvement imparfait et grossier, il doit encore s'améliorer sous le rapport de la meilleure adaptation.

Il faut d'abord créer des voies faciles à l'excitation nerveuse par des mouvements simples très bien exécutés ; la propagation de l'excitation motrice peut se comparer à une onde qui, partant d'un lac où elle a pris naissance, remonterait dans un fleuve et ses affluents, mais les affluents seront fermés ou ouverts à son passage suivant les besoins. Nous développons par la pratique [la sensation nette de [l'effort utile, et c'est à ce sens perfectionné que nous devons la précision et l'accord ou la réalisation économique de nos actes avec leur fin.

Sensations musculaires et visuelles. — Cette conscience intime de l'effort peut devenir un guide sûr dans les mouvements difficiles ou dans les mouvements nouveaux; elle s'affine sans cesse et n'a d'autre limite que celle de notre sensibilité elle-même. Il ne faut pas la confondre avec la connaissance scientifique, elle reste dans les limites de notre vie animale et se rencontre au plus bas degré de l'échelle des êtres pour acquérir son développement parfait chez l'oiseau, le poisson, le chat et même l'insecte.

Nous sommes pour ainsi dire réglés avec nos actes habituels. Dans la station et dans la marche nos sensations tactiles et visuelles nous avertissent de notre attitude et de notre état d'équilibre; mais toute notre éducation est à refaire si nous y portons une modification importante.

Essayons de marcher la tête en bas, mobilisons-nous au moyen de machines, voitures, vélocipèdes, bateaux, tourniquets, balançoires, aéroplanes et les sensations nouvelles nous étonnent et nous déroutent; nous ne savons plus trouver les actes musculaires nécessaires à réagir et nous devons refaire notre éducation sensitive et motrice pour nous accorder avec ces conditions inusitées.

Sur le pont d'un bateau qui roule et qui tangue la vue ne nous sert plus à rétablir notre stabilité, elle nous trompe au contraire et nous cause le vertige. Nous connaissons l'étrange illusion ressentie quand, étant assis dans un fauteuil bien fixe, on fait tourner autour de soi un décor représentant les murs d'une chambre. Peu de personnes supportent sans malaise ce vertige visuel; cet exemple nous montre la complexité des actes d'association et combien les sens se prêtent un mutuel appui à l'état normal.

Mouvements difficiles; exécution simultanée d'actes différents. — Plus un acte est précis, plus son exécution est difficile; diviser le temps ou une longueur en parties égales est presque chose impossible; nos sensations ne s'accommodent pas de l'absolu. La comparaison des valeurs relatives peut être, au contraire, très précise. La complication des mouvements les rend aussi difficiles à exécuter : décrire une ligne droite ou une courbe définie sur le tableau, la tracer avec un rythme donné ou une vitesse variable sont des actes malaisés.

Accomplir dans le même temps des mouvements différents avec chaque main sont des choses impossibles pour quelques-uns. Les exercices asymétriques deviennent cependant faciles par l'éducation et l'on peut en tirer un grand profit, quand cela ne servirait qu'à nous rendre ambidextre.

Tout mouvement intelligent demande une véritable opération mentale. Un homme qui se prépare à exécuter un acte difficile ou même un gros effort, prend une attitude favorable et tend les muscles de façon à supporter le choc. Le joueur de balle a des positions invraisemblables,

le sauteur avant de donner son coup de jarret
diffère par son attitude et par son modelé du
moment où il va toucher le sol; sa forme expressive indique son genre d'effort, elle indique
aussi l'intensité et la nature des excitations
nerveuses, c'est-à-dire la volonté du sauteur.

Dans les actes très rapides où la décision doit
être prompte, la qualité de l'exécutant est toute
dans la manière avec laquelle il réalise au mieux
la vitesse; il y a un coefficient individuel pour
chacun, mesurant cette aptitude spéciale. Nous
avons pu mesurer la rapidité de décision et d'exécution dans le coup de poing et le coup droit
de l'escrime[1].

Sensation obtuse de l'effort excessif. — L'accomplissement de l'effort donne encore des sensations particulières qui nous font goûter un
véritable plaisir dans l'exécution aisée et parfaite d'un mouvement. Dans un essai confus et
incertain, au contraire, nous sommes déroutés
et décontenancés. La danse mimée et surtout

1. Expérience sur la vitesse du coup d'épée et la vitesse
du coup de po ng (*l'École française*, Paris, Fournier).

improvisée, en extériorisant ses sentiments et sa pensée, provoque la joie et repose infiniment plus qu'un effort massif et brutal, comme le demande le soulèvement d'un poids lourd.

En poussant l'effort jusqu'à ses limites extrêmes, nos mouvements indiquent par leur incoordination et leur maladroite brutalité, l'état de désordre moral dans lequel nous nous trouvons. Dans l'effort désespéré, nous sommes en présence d'un véritable déséquilibre qui frise la folie; lés mouvements sont restés normaux mais, commandés par une volonté incertaine et vacillante, ils deviennent d'une inconscience presque totale.

CHAPITRE II

RÉSULTATS DE L'EFFORT BIEN DIRIGÉ

I. Conséquences de l'effort pensé et réfléchi. — II. Beauté de l'effort. — III. Harmonie et travail. — IV. Moralité de l'effort. — V. Rapports de l'éducation physique avec les sciences et les arts.

I. — CONSÉQUENCES DE L'EFFORT PENSÉ ET RÉFLÉCHI.

Retentissement sur tout l'organisme. — Tout effort porte ses fruits; le travail personnel est toujours utile; il crée un état mental nouveau facilitant nos efforts ultérieurs et nous améliora en nous faisant aimer l'action.

L'effort volontaire bien dirigé a un retentissement sur tout notre organisme. Les canalisa-
tions sanguines, lymphatiques ou nerveuses sont
des voies ouvertes et communiquant entre elles;
l'effort est une poussée de vie qui se transmet
dans ces canaux stagnants comme des ondes
dans un tuyau, y produit un ébranlement et
donne naissance au mouvement sous diverses
formes et sans rompre l'harmonie fonctionnelle.

La conscience de ces résultats, d'abord vague
comme nos sensations, se précise et s'affine
ensuite par l'exécution des mouvements, on arrive ainsi à l'adaptation parfaite de l'effort au
travail, mais graduellement et d'autant plus
vite que la vision du but et des moyens directs
pour y parvenir devient plus claire. La même
progression doit régler le travail intellectuel; il
y a cependant une différence profonde entre eux.
Quand l'idée est suivie de réalisation il faut accorder au mieux les appareils musculaire et
nerveux tandis que préciser sa pensée et coordonner ses idées est un acte mental qu. n'entraîne

pas à sa suite des leviers et des masses inertes à mouvoir.

L'utilité d'une réalisation pratique de la pensée s'explique par ce fait : obligée de sortir du domaine purement spéculatif elle ne peut plus s'égarer; l'action est le grand remède aux utopies des rêveurs.

C'est aussi le seul moyen d'éviter la décrépitude sénile; il ne faut pas se laisser vieillir, il est plus facile de rester jeune que de se rajeunir. Les facultés intellectuelles et motrices s'entretiennent et se conservent par l'exercice constant, elles déclinent par inaction ou surmenage. Cette période d'état peut durer aussi longtemps que la nutrition se maintient, mais l'inactivité prolongée altère celle-ci et en diminue l'intensité; demander alors à des organes mourants un surcroît d'action et espérer qu'ils répondront à votre appel, c'est une illusion chimérique basée sur une idée fausse de la vie. Pour conserver la flamme du foyer il faut constamment l'entretenir, il est trop tard pour la réveiller quand il s'éteint.

L'activité insuffisante ou excessive mène donc
au même résultat : à la vieillesse prématurée
de l'organisme. J'ai ,eu d'anciens amis, jeunes
athlètes poussant toujours l'effort à ses limites
extrêmes; ils se reposent aujourd'hui sur leurs
lauriers, ils sont vieux, ont abandonné depuis
longtemps l'exercice le jour où les succès
n'étaient plus possibles, ils se racontent leurs
prouesses mais n'ont eu de l'exercice aucun
bénéfice durable. De mon côté, je ne les ai pas
suivis dans leurs performances, mais j'ai conti-
nué à prendre dans le mouvement l'excitant
utile à ma conservation, je suis resté jeune relativement puisque je ne vois pas mes facultés
s'amoindrir. Ai-je eu raison d'aimer mieux régler
ma vie de cette façon pour goûter longtemps le
plaisir d'agir, au lieu de la brûler et de la ter-
miner ensuite dans un état lamentable? Le corps
est le support et le piédestal de la pensée, de
notre moi, de notre âme, il le faut solide, mais
point encombrant ni trop exigeant.

Lui demander la plus grande part d'action et
lui consacrer exclusivement ses soins, ce n'est

plus le fait d'une éducation générale. Le piédestal doit être proportionné à la statue, il ne
faut pas agrandir l'un démesurément pour diminuer l'autre. Il n'est pas logique de prendre sur
l'activité intelligente les matériaux réservés au
perfectionnement général; on obtient par l'harmonie dans son ensemble un être autrement
énergique et utile qu'en augmentant en dehors
de tout idéal son pouvoir moteur.

L'expérience de l'histoire nous montre que la
décadence des nations peut être la conséquence
des excès athlétiques comme de l'intellectua-
lisme exclusif. Une société d'athlètes n'aurait
pas les éléments vitaux qui constituent une
puissance réelle.

L'exercice considéré comme un but et non
comme moyen d'équilibre corporel et cérébral,
n'est plus intéressant. Les procédés d'éducation
physique sont des moyens d'entretien et non
des recettes de spécialisation.

Il n'est pas nécessaire d'être un athlète pour
jouir pleinement de ses facultés et bien remplir
sa vie. Loin de là; toujours occupés de leurs

records et de leurs prouesses, les athlètes sont souvent indifférents à un idéal artistique ou au progrès moral, les services rendus par eux à la société sont bien peu de chose à côté des efforts donnés en pure perte.

Cette conception fausse de l'éducation n'attire pas à l'exercice des adeptes persévérants, mais au contraire éloigne les faibles; les dépenses exagérées d'efforts ne sont permises qu'à une infime minorité et, mal dirigées, réduisent la part d'énergie réservée à la vie pratique.

Tout excès du muscle est incompatible avec le travail cérébral, et même avec la dépense journalière de travail ordinaire. Pour être homme de sport, il faut avoir des loisirs; le sport doit prendre une part de notre activité, mais non pas l'absorber tout entière.

Il faut savoir interpréter le vieil adage : *Mens sana in corpore sano* devenu banal. Il n'entend pas que les moyens, donnant l'énergie physique, donnent en même temps la culture et l'énergie morale, ce serait absolument faux : ne voit-on pas très souvent des sujets d'une force morale très grande, sans énergie physique, et inversement des hercules lâches et mous.

L'énergie morale n'est pas due à l'augmentation de l'énergie physique. Ce serait quelquefois le contraire; elle n'est pas non plus une plus-value d'énergie fournie par les organes inférieurs chargés de l'élaboration des aliments, elle est le résultat de la prédominance de l'action de centres moteurs volontaires spéciaux. Ceux-ci bénéficient sans doute du meilleur état des autres fonctions avec lesquelles ils sont en rapport, mais ils jouissent incontestablement d'une indépendance qui leur assure la suprématie dans la hiérarchie des fonctions.

L'énergie physique constitue un état favorable à l'énergie morale, mais l'énergie morale n'est pas l'énergie physique, c'est autre chose.

On a conseillé de revenir à l'état de nature, cela n'est pas nouveau, mais il est devenu difficile, à moins d'être riche et tout à fait indépendant, de concilier les habitudes sportives et la vie libre avec la vie de travail et le gagne-pain.

Vivre toujours au grand air et s'endurcir en recevant directement sur la peau les rayons solaires ou les averses, c'est, sans contredit, un moyen de constater sa résistance aux intempéries, mais ce n'est pas toujours le moyen de l'obtenir. Il faut y aller très prudemment sous peine d'accidents, tous ne supportent pas ces secousses brutales, et loin de s'endurcir, deviennent au contraire de plus en plus débiles. Les autres, les forts, habitués à vivre comme l'homme des bois, deviennent alors d'une intolérance extrême, quand ils sont obligés de revenir à la vie urbaine.

Jamais le vêtement et la chaussure ne sont aussi insupportables qu'après une journée où l'on s'en est débarrassé; le séjour dans un air chaud et confiné donnent des malaises sérieux à ceux qui sont toujours à l'air pur. En voulant faire trop on n'a encore rien fait de pratique, si on s'éloigne de la vie actuelle, au point de ne pouvoir plus la supporter.

Pourtant la facilité de régulation et d'adaptation de notre corps aux variations du milieu est étonnante. Si la dépense de travail augmente ou cesse subitement, si l'atmosphère passe du froid au chaud, de l'humidité à la sécheresse, nous trouvons dans chaque cas un nouvel état d'équilibre qui compense momentanément les pertes de notre organisme.

Mais la dépense ne peut toujours durer, car, en plein travail, les fonctions ne s'accomplissent plus comme dans le repos et l'effort d'accommodation fourni automatiquement par le système nerveux épuise ce dernier.

Les désordres fonctionnels apparaissent quand ce pouvoir régulateur fait défaut : la démoralisation, la peur, la tristesse et la douleur sont des causes de déséquilibre de nature nerveuse.

L'inaction fait des infirmes; l'exercice outré comme l'hydrothérapie ont leurs maniaques; souffrant d'un besoin insatiable d'activité, ils ont l'illusion de n'avoir jamais assez dépensé leurs forces; ils ne peuvent se reposer, et se croient malades s'ils n'ont pas le moyen de s'épuiser par une gymnastique violente ou des ablutions très froides; ce sont des don Quichotte luttant

perpétuellement contre des moulins à vent et
dont la vie se passe à déambuler et à vaincre
d'imaginaires difficultés. Ce sont des alambics
toujours en ébullition fabricant de la fumée et
des cendres, voilà tout.

Le résultat de toute cette agitation est à peu
près nul, quand il n'est pas funeste.

On peut évidemment employer mieux son
temps et faire servir à une meilleure cause les
excellents moyens dont dispose l'exercice bien
dirigé.

Lois de l'adaptation de l'effort au travail. —
Il suffit d'observer les ouvriers de toute profession et les animaux en mouvement pour saisir
immédiatement les points communs de leur travail.

Tous cherchent à utiliser leurs efforts musculaires au mieux et avec le moins de fatigue. Ils
passent par une série de tâtonnements qui
constitue leur apprentissage et par progrès
successifs se font une locomotion et adoptent
une manière de travailler définitive.

Les sensations les guident avec sûreté et leur

font trouver la solution la plus économique dans leurs travaux, ils se rapprochent ainsi dans chaque espèce et dans chaque profession du type parfaitement adapté. La comparaison de ces sujets d'élite formés par eux-mêmes à la suite d'efforts répétés intelligemment, nous permet de mettre en évidence les qualités générales du travail pour faciliter l'apprentissage, abréger les essais et obtenir un résultat économique plus certain.

On peut ainsi contribuer à la formation méthodique d'une élite de travailleurs, formation généralement livrée au hasard dans les professions manuelles ou dans les sports. L'observation approfondie et la pratique du travail manuel nous montrent que l'effort, pour être bien adapté, demande certaines conditions qui sont de véritables lois du travail.

Les lois de l'attitude, de la souplesse et du rythme sont applicables à tout métier. Ce ne sont pas autre chose que les lois de l'économie.

Loi de l'attitude. — Pour tout travail, il y a

une attitude particulière qui permet d'utiliser au mieux son effort ; le corps entier doit participer harmonieusement à l'action générale et la somme de ses efforts partiels avoir une résultante dirigée en sens opposé à la résistance à vaincre. La position initiale du travailleur varie donc avec son genre d'effort et caractérise son métier, c'est elle qui déforme l'ouvrier à la suite de sa spécialisation.

En jetant un coup d'œil sur les divers exercices et métiers il est facile d'en caractériser l'attitude et d'en expliquer la valeur économique.

Le coureur penche le corps en avant au départ, il fera l'acte inverse s'il veut s'arrêter et dirige ainsi l'action de la jambe tantôt dans le sens de la progression, tantôt en sens contraire. Le marcheur s'incline de même quand il monte ou descend une côte, ou quand il passe de la marche à la course ou de la course à la marche.

Le sauteur au départ est fléchi, il donne son coup de jarret en s'inclinant en avant et en lançant les bras dans la direction de son élan ; il utilise au mieux sa hauteur d'élévation en se groupant au-dessus de l'obstacle pour le franchir avec le plus de sûreté. A la chute, ses pieds sont portés en avant ; il prend alors point d'appui pour résister avec les jambes, diminuer graduellement sa vitesse et conserver en même temps son équilibre.

L'attitude initiale diffère dans les sauts en profondeur, les sauts assis ou à l'appui sur les mains.

Pour pousser ou tirer une voiture ou une brouette chargée, on penche fortement le corps en avant ; pour saisir un lourd fardeau on écarte les pieds, on fléchit les jambes en se baissant pour faire porter la charge sur celles-ci ; pour tourner la manivelle d'un treuil on se fend d'avant en arrière, les jambes tendues et le corps droit.

Le port d'un fardeau sur la tête exige la rectitude parfaite du corps ; on se penche en avant, en arrière ou de côté si la charge est sur le dos, en avant ou de côté. Le grimpeur est fléchi et ramassé sur lui-même. L'athlète lançant le boulet ou le disque, comme l'escrimeur, est d'abord dans une attitude fléchie lui permettant une extension et un développement énergique et prolongé de tous les segments des jambes et des bras. Pour recevoir le boulet il se campe solidement et atténue le choc en le faisant porter sur les muscles de ses membres fléchis.

Le boxeur et le lutteur protègent leur poitrine et empêchent les prises dangereuses, les jambes pliées, le dos voûté les mains en avant.

Le jongleur et l'équilibriste sont assis sur leurs jambes comme sur un ressort souple et élastique.

Le laboureur bêchant la terre, le faucheur et le semeur se reconnaissent de loin à leur silhouette particulière.

Le bûcheron se fend en arrière comme le forgeron pour lever son marteau ou sa cognée et passe à la fente en avant au moment où il s'abaisse pour donner le coup. Le charpentier maniant la bisaiguë, le menuisier maniant le rabot, le scieur de long maniant la scie verticale, prennent des positions variables suivant la direction de leur effort. Cette direction complique le travail et augmente singulièrement la fatigue ; ainsi, raboter un plancher ou un panneau vertical est chose autrement pénible que de raboter à l'établi. Travailler à un plafond les bras levés oblige à un effort d'extension encore plus douloureux. Réparer une pièce en se glissant sous une machine est plus fatigant que de limer à l'étau ; le mineur couché à terre sur le dos pour extraire la houille est certainement l'ouvrier qui a l'attitude de travail la plus dure et la plus douloureuse.

On ne prend pas la même position pour ouvrir ou fermer une porte un peu lourde ; on se place différemment, au mieux pour manier le tournevis en haut en bas, obliquement.

Chaque sport a aussi des attitudes caractéristiques : le tir à l'arc horizontal ou vertical demande une position droite ou inclinée, un pied en avant. Dans le jeu de ballon ou de raquette, le joueur a l'œil attaché au ballon et et change sans cesse d'attitude pour donner la chasse avec sûreté ; les photographies d'équipes de joueurs en action nous indiquent les positions bizarres impossibles à comprendre si on ne tient pas compte de la vitesse et de la direction de l'élan. L'attitude du canotier diffère s'il emploie la rame des gondoliers, la godille ou la palette de la périssoire. Chaque école a son style et ses positions de départ.

Les attitudes de repos, la station hanchée, la station assise ou couchée sur le dos, le côté ou le ventre, ont toutes leurs formes spéciales. Fatigué d'une séance trop prolongée, l'écolier se penche sur son pupitre pour écrire ; sa position est défectueuse au point de vue de l'hygiène mais elle est économique et momentanément favorable au repos. Le violoniste rentre le coude gauche pour permettre aux doigts de retomber perpendiculairement sur les cordes ; il conserve à son instrument l'horizontalité et maintient le bras droit à la hauteur de la corde qu'il attaque.

En résumé, nous voyons autant d'attitudes que de métiers manuels. On ne peut songer à les rapporter toutes à la rectitude de la station droite ; il y a lieu au contraire, dans chaque apprentissage, de tenir compte de la position initiale pour faciliter le travail. Une attitude de convention non économique gêne l'ouvrier et lui fait perdre inutilement une partie de ses forces.

Loi d'économie, sa réalisation dans les divers efforts. — S'il est une position initiale facilitant le travail, il y a aussi une manière économique de s'y prendre pour le réaliser. Ce sont des tours de main permettant de faire mieux, plus vite et avec moins de fatigue. Ainsi l'attitude favorable et la bonne conduite de nos efforts nous amènent à travailler économiquement ; nous disposons notre corps pour présenter la plus grande stabilité et nous faisons porter l'effort sur les parties les plus massives et les plus résistantes de notre machine.

Dans le mouvement, les contractions se déplacent à chaque phase de l'allure ; nous les avons comparées à une suite d'accords s'enchaînant et se transformant sans cesse, deux accords successifs ayant toujours des notes communes et chaque phase du mouvement se caractérisant par un accord particulier.

*L'art de travailler, exemples tirés des profes-
sions.* — Il y aurait intérêt à étudier la manière
de faire des ouvriers habiles dans les divers
métiers, de constater comment se réalise la loi
d'économie dans chaque cas. Ce travail n'a pu
encore être entrepris méthodiquement, la chronophotographie et la dynamographie nous en
donnent cependant les moyens, mais il serait
fort long, très coûteux et nous n'avons pas encore rencontré de représentants des pouvoirs publics qui comprissent l'utilité de ces recherches
et consentissent à nous aider pour les continuer.

Les résultats déjà obtenus dans l'étude des
allures normales de l'homme et de quelques
sports nous montrent combien il y aurait utilité
à approfondir ces questions. C'était la matière
du programme que j'avais soumis à Marey,
en 1880, lors de la création de la station physiologique par le Conseil municipal de Paris. Je me
suis efforcé de réaliser en partie ce vaste plan,
mais malgré mes demandes réitérées, on ne m'a
pas donné le moyen de continuer mes recherches. La portée de ces connaissances n'est pas

bornée à la simple curiosité, elle s'étend à l'éducation physique comme à l'éducation intellectuelle ; les lois du travail musculaire et du travail cérébral sont analogues, elles s'appliquent à tous les travailleurs sans exception et constituent le secret de l'activité la plus fructueuse et la moins pénible, c'est-à-dire *l'art de travailler* avec le plus de rendement et le plus d'avantages possible.

Quelques citations tirées de l'analyse des mouvements pourront expliquer notre pensée.

L'économie dans la station droite est réalisée par l'harmonie des courbures de la colonne vertébrale, surtout par la courbure lombaire soulageant les muscles extenseurs du massif lombaire en amenant le centre de gravité du tronc au-dessus de la ligne des têtes fémorales. L'excès de courbure ou leur rectitude exagérée sont deux défauts à éviter.

En s'asseyant on augmente la base d'appui et on diminue d'autant la difficulté d'équilibre ; en se couchant, le poids du corps se répartit sur une surface très étendue et on obtient ainsi un relâchement presque complet de la musculature.

Toutes les positions fendues en avant, en arrière et de côté, contribuent à la stabilité de
l'équilibre du corps et permettent des mouvements d'inclinaison ou de progression dans la
direction de la fente. Les fentes fléchies pré-
parent la détente des jambes, aussi les prend-on
dans les sauts, dans l'escrime, dans la boxe, le
bâton, la canne, le lancer et même le lever des
poids ; la flexion des jambes donne au corps un
support élastique et lui permet de petits déplacements rapides et variés de segments menus
au lieu de porter sur toute sa masse. Ces petits
mouvements de compensation sont utilisés par
l'équilibriste et le jongleur pour obtenir la souplesse, sa qualité indispensable.

Le marcheur progresse en étendant la jambe
arrière et en se recevant sur le pied d'avant;
entre deux doubles appuis, il supporte le corps
sur une seule jambe et celle qui termine son
appui actif oscille alors autour de la hanche
pour se poser à son tour en avant. Le membre
inférieur joue ainsi successivement trois rôles :

le rôle moteur, le rôle de soutien et le rôle
amortisseur du choc du pied au moment du
poser. En se déroulant complètement sur le sol
le pied s'étend, les muscles du mollet sont contractés. Cette contraction subsiste pendant le
lever et el a pour effet de fléchir la jambe et
d'empêcher ainsi le pied de frôler la terre pendant son oscillation. Cela se fait automatiquement parce que les extenseurs du pied sont en
même temps, à cause de leurs insertions au fé-
mur, des fléchisseurs de la jambe sur la cuisse.

La jambe qui porte le corps reste elle-même
légèrement fléchie ; cela diminue la hauteur des
oscillations verticales du tronc. Au moment du
poser, le choc est évité par la flexion immédiate de la cheville et du genou, ce choc porte
sur les muscles extenseurs des différents segments et le corps roule autour du pied appuyé.

Les bras agissent comme de véritables balan-
ciers en régularisant le déplacement du centre
de gravité dû au mouvement alternatif des
jambes ; pour cela l'oscillation des bras doit
être synchrone et opposée à celle des jambes.

Si le chemin est étroit et sinueux, la marche perd de son automatisme et l'attention devient nécessaire pour suivre et éviter les défectuosités imprévues du sol. La souplesse est toujours la condition indispensable pour conserver l'équilibre, la manière de poser le pied y contribue aussi et la vue a tant d'influence sur l'aplomb et le vertige, que les plus adroits et les plus hardis, s'ils côtoient un précipice ou doivent faire quelques pas au-dessus du vide, sont paralysés dans tous leurs moyens.

Pour marcher sans bruit avec légèreté, on pose le pied par la pointe, les articulations de la jambe fléchies et l'on se relève élastiquement à chaque pas. De même pour descendre silencieusement un escalier il faut éviter de se laisser choir lourdement à chaque marche, mais au contraire résister élastiquement à la chute en fléchissant la jambe au moment du poser du pied et, en même temps lever vivement le genou opposé et les bras comme dans un élan.

Pour descendre d'une voiture en marche il faut la quitter en penchant le corps en sens inverse de la direction de la vitesse afin d'obtenir le stabilité au point de chute.

La montée d'une forte côte devient rude, la direction de l'impulsion n'étant plus favorable à la vitesse horizontale. On sait combien, dans ce cas, une légère poussée exercée à la ceinture par un aide vous facilite l'ascension.

Dès que la marche s'accélère on a avantage à un moment donné à courir ; la longueur du pas augmente alors de la longueur du saut effectué à chaque foulée. Les pieds se posent presque dans l'axe de la piste suivie, leur ouverture diminue avec la vitesse.

De ce fait on diminue beaucoup les oscillations verticales, latérales et les torsions du corps. Pour faciliter encore les oscillations des jambes et des bras on les fléchit afin de les déplacer rapidement.

Le coureur voit à la suite de son entraînement sa respiration devenir profonde et lente, c'est là un avantage pour la ventilation pulmonaire.

Il y a pour la marche et la course un rythme optimum correspondant à l'utilisation la méil-

leure de l'impulsion et réglé sur le temps d'oscillation économique de la jambe. Ce rythme
dépend de la longueur des jambes mais il dépend
aussi de la résistance du sujet à la fatigue.

Le bon sauteur sait utiliser son coup de jarret en inclinant d'autant plus le corps qu'il veut
sauter plus loin ; il ajoute à son impulsion l'action énergique des bras dont l'élévation vive
augmente l'effet. Une fois détaché du sol, n'étant
plus alors maître de son mouvement, il prend
une attitude favorable, il se groupe de façon à
ne pas rencontrer l'obstacle et se prépare à se
recevoir sur le sol. Il porte les pieds en avant
au moment de la chute pour trouver point d'appui en avant du corps et résister ainsi au moyen
de ses muscles extenseurs à la vitesse horizontale qui l'entraîne. Il doit retrouver l'équilibre
en même temps que l'immobilité au point de
chute, pour cela les bras se sont abaissés pendant
la suspension pour se relever vivement pendant
la dernière phase du saut.

Les sauts avec élan tirent de la vitesse de la
course toute leur longueur ; trop de vitesse nuit

au contraire à un saut en hauteur et l'on voit, au moment de l'appel, le sauteur se rejeter en arrière et transformer sa vitesse horizontale en vitesse ascensionnelle. L'appel du pied lui sert à donner aux muscles extenseurs une tension considérable transformée immédiatement en effort d'impulsion. L'acrobate tournant sur lui-même dans un saut périlleux peut régler sa vitesse de rotation en s'étendant ou en se pelotonnant plus ou moins sur lui-même ; il prend contact avec le sol à volonté et évite ainsi les chutes dangereuses.

Tous ces mouvements sont des exercices synthétiques indécomposables, leur valeur consiste dans leur continuité et une parfaite harmonie avec leur fin. Nous avons à toute occasion insisté sur l'inutilité d'une éducation basée sur l'analyse d'actes qui ne peuvent être dissociés sans voir leur mécanisme faussé et dénaturé. On peut au besoin les ralentir, mais jamais les arrêter pour les décomposer en temps séparés.

Les mutilés s'adaptent à leur état nouveau, ils se créent une locomotion spéciale et s'étudient à éviter la douleur et la fatigue par une véritable rééducation. Cette rééducation est possible tant que les centres nerveux ne sont pas atteints ; dans le cas contraire, le malade, eût-il la volonté la plus ferme, ne peut plus s'adapter ni se mouvoir avec adresse ; tout perfectionnement lui est interdit.

Le danseur fend l'espace en prenant mille attitudes variées dans son vol ; il retombe avec légèreté et sûreté, il sait enchaîner ses pas ; l'harmonie de ses mouvements dénote chez lui un sens parfait de l'équilibre et de la réalisation économique la mieux entendue ; son charme et son élégance viennent de l'accord constant entre sa pensée, son geste et son allure.

Le nageur arrive au moyen de mouvements successifs et intermittents des jambes et des bras à se donner une action propulsive continue.

Il imite la godille et l'hélice sans pourtant posséder des organes propulseurs rotatifs. L'oiseau, le reptile, le poisson, l'hippocampe font de même, et il est merveilleux d'observer dans la nature les solutions variées du problème de la locomotion des animaux, suivant les milieux.

Le canotier réduit au minimum les points morts du coup d'aviron ; ce dernier sorti de l'eau va plonger loin en arrière et les jambes, le tronc, les bras, les poignets et même les doigts ajoutent leur action pour prolonger l'impulsion ou la poussée sur l'eau. En accélérant la vitesse de l'aviron il trouve sur l'eau essentiellement mobile l'appui maximum et diminue ainsi la perte de travail dû au déplacement du liquide.

L'escrimeur assis sur ses jambes fléchies est toujours prêt à bondir ; pour se fendre il étend tous les segments du corps dans la direction de la pointe de l'épée ; sa vitesse vient autant des jambes que du tronc et des bras ; son poignet, d'une admirable mobilité, dirige la pointe à travers les issues que lui ménagent les fautes de son adversaire. La jambe d'avant lui sert de support élastique pour revenir en garde avec la plus grande rapidité. Il cherche à deviner les ruses de son opposant pour avancer ou pour rompre, et son œil attentif attend l'occasion de fondre sur lui au moment opportun.

Le boxeur procède de même, mais il n'a pas l'attitude ouverte de l'escrimeur, il se ramasse sur lui-même pour protéger la poitrine et la tête des coups qui pleuvent sur lui de tous côtés. Il est continuellement en mouvement pour tromper et dérouter son antagoniste, et toujours souple, il est de fer quand il frappe; le corps entier, depuis les pieds jusqu'aux poings, constitue un ressort formidable.

Les coups de sabre ou de bâton se donnent à la suite de moulinets; pendant qu'elle décrit des trajectoires sinueuses, la main prolonge son action sur l'arme et en augmente la vitesse. Cette vitesse est la force du coup qui ne devient efficace que par une sorte de fouetté. Cette manière de prolonger l'action musculaire accélératrice se retrouve dans le coup de raquette et dans le lancer d'une pierre, du disque ou du boulet. Tout le corps rejeté d'abord en arrière se redresse et s'incline dans la détente accompagnant longtemps le projectile pour augmenter son impulsion. Le

bras ne s'abaisse pas simplement mais il conduit le disque suivant une courbe sinueuse, il le
fait tournoyer en accélérant sans cesse son mouvement.

Dans ces actes énergiques du lancer, les
jambes et le tronc ont, autant que les bras, leur
part d'action, la main achève l'acte de détente et
par un jeu plus délicat assure la direction du
projectile vers le but visé.

Le maniement des poids lourds n'est pas
exempt d'adresse ni de tour de main, la
force n'en est pas le seul élément de succès
comme d'ailleurs dans aucun sport. L'athlète
portant à bras tendu un poids de vingt
kilogrammes fait reposer ce poids sur l'avant-
bras, il diminue ainsi la longueur du bras de
levier de la résistance, et cette tricherie est au
bénéfice de l'effort. S'agit-il d'arracher un haltère massif et de le porter à l'épaule, il fléchit
puis étend les jambes pour faire porter la charge
sur des muscles puissants; une fois l'haltère à
l'épaule il étend le bras verticalement mais,
pliant en même temps les jambes, le poids de-

meure à la même hauteur, à bout de bras; l'effort réel de soulèvement est donné ensuite par l'extension des jambes.

En soulevant de terre un assez lourd fardeau on ressent une contraction énergique des parois du ventre, tandis que l'effort nécessaire semblerait réservé aux extenseurs du tronc. Nous en avons déjà donné la raison : en agissant seuls, les extenseurs de la colonne vertébrale auraient pour effet d'augmenter la courbure lombaire et de distendre la paroi abdominale avec chance d'accident herniaire; la contraction synergique des muscles de l'abdomen évite ces deux inconvénients, le bassin suit le mouvement d'extension et la distance du pubis au sternum reste invariable. Le tronc fait un tout solide et l'effort musculaire des extenseurs est mieux utilisé.

Manier une pièce de vin ou une caisse pesante est pour l'homme de métier un jeu où un athlète échouerait s'il y mettait simplement et brutalement de la force, mais, au moyen d'élans et de balancements dont il faut savoir profiter, le fardeau se dirige et se conduit avec une étonnante facilité.

Pour transporter sans perdre l'équilibre une lourde et longue échelle, on saisit avec les bras les échelons les plus écartés qu'il est possible en haut et en bas; les bras tendus font l'office de deux étais ayant l'épaule pour point d'appui. Si l'on saisissait l'échelle à deux mains, par les montants et à la même hauteur, il se produirait des oscillations inquiétantes; ces oscillations sont empêchées par les bras faisant l'office de béquilles rigides obliques de direction opposée. On emploie le même procédé pour le transport d'une longue perche ou d'un mât.

Dans l'utilisation du treuil comme monte-charge, la manivelle doit être bien adaptée à la taille de l'ouvrier; la phase la plus pénible est celle de la remontée de la manivelle, l'ouvrier ne dispose alors que de faibles muscles; dans l'abaissement, en effet, il peut exercer une action plus énergique en s'appuyant sur le levier de tout le poids de son corps et en s'y accrochant pour ainsi dire. Sous l'action d'une force aussi variable le mouvement de rotation du treuil ne peut être uniforme à moins d'y caler deux manivelles et d'y appliquer deux hommes dont les inégalités d'effort se compensent, ou d'y ajouter un volant assez massif pour régulariser la vitesse.

Les élans jouent dans l'utilisation de la force un rôle capital, on en voit l'application constante dans les jeux du cirque, dans les tours de barre fixe et de barres parallèles.

Lorsque le corps est dans la phase ascendante de son oscillation, la pression des mains au point d'appui diminue et s'annule même au changement de sens; l'acrobate profite de ce moment pour déplacer les mains et changer d'attitude. Il est suspendu un court moment en l'air quand commence l'oscillation descendante et sans aucun effort. On voit souvent, dans les jeux du tapis, un porteur enlever avec la plus grande facilité son partenaire et le placer sur ses épaules voire même sur la tête. Ici le sujet porté est loin d'être passif; l'effort du soulève-

ment lui revient presqu'entier, il saute réellement; le porteur se contente de le cueillir au
sommet de son saut, alors qu'il ne pèse pas, et,
par un effort de traction bien inférieur à ce
qu'il paraît être, il prolonge son ascension et le
hisse sur ses épaules assez facilement. Les
élans sont employés avantageusement dans
les cas où l'effort statique serait impuissant à
agir.

Un enfant, pour sauter à cloche-pied, s'aide de
mouvements d'élévation vive du genou et du
bras; grimpant péniblement à une corde ou à
une échelle à l'aide des bras, il fléchit vivement
les membres inférieurs à chaque déplacement
des mains, esquissant ainsi dans le vide une
sorte de saut dont l'effet est de diminuer la
pression des mains sur le barreau de l'échelle;
le soulèvement du corps est ainsi facilité s'il
sait profiter de l'instant propice.

La main du jongleur admirablement souple
est prête à suivre les moindres mouvements du
corps, la balle ne vient pas sèchement frapper
la main; elle est accompagnée un certain temps

dans sa chute par celle-ci et vient s'y reposer en évitant le choc. Le jongleur, avec une sensibilité et un coup d'œil extraordinairement exercé, prévoit ou corrige les moindres écarts du lan-cer, la complication de ses actes devient extrême s'il repose sur un fil de fer oscillant, sur un trapèze ou un cheval en mouvement.

Le vélocipédiste se penche en avant pour exercer sur la manivelle motrice une grande pression et pour diminuer la résistance de l'air. Le tricycle est surtout difficile à manier dans les virages, le coureur en vitesse serait désarçonné s'il ne se penchait pas très fortement vers le centre de la courbe qu'il décrit. Cette même précaution est aussi nécessaire au coureur qui tourne dans un cercle de petit rayon. Le grimpeur se courbe et s'étend tour à tour comme la chenille et substitue ainsi adroitement la traction des bras à la poussée des jambes; le poids de son corps est alors porté alternativement par les mains et par les pieds.

Le grimper au moyen d'une échelle de corde souple et flottante demande beaucoup d'habi leté ; les pieds ne trouvent pas un point d'appui solide sur un échelon mobile qui fuit devant eux. Il faut, pour avancer, s'attirer contre l'échelle par une flexion très prononcée des bras et maintenir le corps vertical, en évitant surtout de se pencher en arrière ; sans cette précaution, les pieds repoussant l'échelle, le corps oblique oscillerait d'une façon désordonnée, ôtant toute confiance au grimpeur. Les poètes ont mis l'échelle de corde dans l'arsenal des amoureux, les peintres les ont aussi représentés dans des scènes galantes escaladant des balcons avec une élégance et une légèreté charmantes. Le grimper à l'échelle de corde n'est pas si facile que cela, il aurait suffi à ces artistes d'essayer une fois pour se rendre compte qu'on n'y est guère à son aise et qu'on laisse de côté tout maniérisme pour la préoccupation réelle de l'équilibre et de la stabilité.

On rencontre surtout dans les métiers manuels ce tour de main économique dont nous cherchons à trouver la loi. Le marteau, la hache sont des outils dont la vitesse est le facteur principal du travail, on obtient cette vitesse comme dans le lancer, par la participation du corps entier à sa génération. Un bûcheron et un forgeron manient la cognée ou le marteau à peu près de la même façon : les bras soulèvent la masse, le corps s'incline en arrière et l'effort des abaisseurs joint à la flexion du tronc l'abaissent ensuite avec force dans la phase principale, celle qui sert à frapper ; à ce moment tous les muscles utiles associent leur action pour accélérer la vitesse du marteau et le diriger sur l'enclume.

Le marteau en se relevant ne prendra pas le chemin de l'abaissement ; il décrira un arc de grand rayon partant de l'enclume pour y revenir et, dans ce mouvement de circumduction, la main de l'ouvrier se déplace le long du manche du marteau pour le relever avec plus de facilité, dans la phase d'abaissement la main se replace à l'extrémité du manche pour augmenter la vitesse de chute en agissant sur un long levier.

Enfoncer un clou franchement, bien droit, n'est pas chose commune, surtout s'il est long et mince et le bois dur; s'il est court, à tête arrondie, il faudra taper juste, sous peine de le voir glisser de côté sous le coup de marteau. Il faudra s'y prendre différemment si ce dernier est léger ou massif, à manche long ou trapu. Le coup de marteau d'un gaillard solide mais maladroit assommera le clou sans l'enfoncer; pour le faire pénétrer dans le bois il faut taper juste, normalement, dans son axe; le bras peut être fort, si la main est peu délicate et ne sait pas guider le marteau, l'insuccès est certain. Le bras doit être souple depuis l'épaule jusqu'aux phalanges, tous ses segments sont utiles, mais s'ils ne forment qu'une seule pièce rigide, gare aux doigts; un coup de marteau bien donné est un art.

Dans le maniement du rabot ou de la varlope, la position du menuisier doit permettre d'appuyer pour faire mordre l'outil et en même temps de le pousser droit pour ramasser le copeau. Grâce au poids et à l'inertie de l'instrument les résistances provoquées par les nœuds et le fil du bois sont vaincues et la vitesse est régularisée.

Le maniement de la scie est un type de mou-

vement alternatif : le bras conduit la scie en
ligne droite afin d'obtenir le mordant voulu et
lui permettre de creuser son chemin régulier;
la période de pousser est la période active, elle
demande de la force et de l'amplitude, la vitesse et la pression de la scie sont les deux facteurs du travail mesuré à la quantité de sciure
de bois produite.

Ces deux facteurs varient d'ailleurs en sens
inverse l'un de l'autre et sont réglés par le rythme.
L'ouvrier habile manie la scie sans effort apparent parce qu'il sait exercer une pression constamment égale, sans à-coups et sans brutalité.

Le violoniste agit de même dans la conduite
de son archet, son bras droit s'élève à différentes
hauteurs pour présenter le crin à chacune des
quatre cordes, son avant-bras engendre la pression qui tient l'archet à la corde par un léger
effort de pronation; son poignet et ses doigts
transmettent cette pression en la modifiant avec
les nuances les plus délicates; son bras gauche
se place le coude rentré pour amener la pulpe

des doigts verticalement au-dessus des cordes afin de les raccourcir pour former les divers intervalles musicaux.

Aucun mouvement de l'épaule ou du coude n'est nécessaire pour cela ; la souplesse du poignet gauche permet aux doigts de prendre point d'appui sur la touche pour exécuter le vibrato ou trémolo expressif imitant la voix humaine.

La vrille, le vilebrequin, la manivelle donnent lieu à des mouvements continus; plus l'effort de rotation est énergique plus les bras se fléchissent. Ainsi le tournevis, le tire-bouchon n'exigent presque que le mouvement de pronation et de supination de l'avant-bras, mais quand la résistance est grande, les rotateurs du bras et les adducteurs ajoutent leur effet. Le corps appuie d'une partie de son poids sur le vilebrequin de façon à faire mordre la mèche de l'outil; cette pression est réglée sur la vitesse de la rotation.

Pour hisser des fardeaux au moyen d'un câble, puiser de l'eau à la corde d'un puits le corps s'incline dans la direction du câble pour vaincre

la résistance. Le poids du corps est le maximum
de traction possible à moins que l'adhérence des
pieds sur le sol ou un relief du sol ne permettent
de s'y arc-bouter.

Le jardinier divise la terre en tranches, la
retourne et en brise la motte; ces trois opéra-
tions se succèdent avec un rythme parfaitement
régulier. La position du corps doit permettre
l'effort de pression du pied sur la bêche et l'acte
de soulèvement; la division de la motte est la
phase de repos relatif; le travail peut se continuer jusqu'au coucher du soleil si le rythme est
bien choisi. Le jardinier comme le forgeron déplace une main le long du manche et la rapproche de l'extrémité de la bêche pour diminuer
l'effort de soulèvement en agissant sur un levier
plus long.

Pour épauler son fusil, le chasseur se met en
garde contre le recul; il tient son arme bien en
main sans la serrer afin d'en être maître et pouvoir la diriger en tous sens très rapidement. Le
doigt sur la gâchette, sans raideur, il fait partir
la détente par une pression progressive, sans

brusquerie et sans faire dévier le canon de la ligne de visée. Le tir au pistolet exige une sûreté de main et une délicatesse de doigté tout à fait supérieures; c'est aussi une école du coup d'œil et en même temps un contrôle de l'état nerveux de l'individu.

Pour écrire ou dessiner, l'attitude de l'élève est presque une attitude de repos; elle ne doit point gêner la circulation et la respiration, et encore moins changer l'équilibre statique des différents segments du tronc.

La mobilité de la main, l'action délicate et menue des phalanges ne peuvent être remplacées par un mouvement du bras, mouvement toujours massif et grossier.

L'écrivain qui serre sa plume convulsivement a une écriture anguleuse, la crampe le guette s'il n'arrive pas à éviter la raideur.

Tous ces procédés de perfectionnement s'appliquent à la respiration. Le mécanisme respiratoire le plus avantageux doit faire produire toute l'ampliation du poumon sans exagération; le diaphragme et les côtes en s'abaissant et en

se soulevant le dilatent et le compriment pério-
diquement; il faut conserver une parfaite harmonie entre ces deux actions simultanées et ne
pas amoindrir l'une en augmentant l'autre.

Dans une respiration complète, la ligne mé-
diane antérieure du ventre et du thorax se meut
sans se creuser ni se briser. Un rythme respiratoire bien adapté permet à ces mouvements de
ventiler le poumon et de remplacer l'air impur
par de l'air oxygéné; il agit aussi sur la circulation pulmonaire et facilite le cours du sang
dans la poitrine et le retour du sang veineux
au cœur. On explique de cette façon l'action
énergique des mouvements respiratoires sur ce
dernier, aussi les troubles de la respiration en-
traînent-ils toujours les troubles du rythme et
du débit du cœur.

Nous venons de tracer en quelques mots les
conditions mécaniques de la virtuosité dans les
métiers professionnels, mais, avant de devenir
habiles, les apprentis sont maladroits, leurs mouvements sont raides, incoordonnés, incertains;
ils épuisent leurs forces sans résultat et souvent

ne peuvent seuls trouver le moyen de sortir de leur état d'infériorité. Il est plus sûr de les guider dans leur travail en leur donnant un enseignement spécial.

Il serait trop long de décrire ici les mauvaises manières de travailler et les défauts du début. La maladresse se corrige par une bonne éducation; elle peut être le résultat du travail lui-même ou d'une éducation fausse qui donne de mauvaises habitudes. Ce cas, plus grave, indique l'ignorance du professeur et engage sa responsabilité.

Une foule de procédés devenus classiques ne reposent sur rien que sur des conventions, par exemple : fermer les poings et s'enfoncer les ongles dans la paume des mains et croire donner ainsi plus de force à l'appel du saut, retomber après un saut en longueur sur la pointe des pieds le corps droit, les bras immobilisés; mettre aux doigts des bagues de plomb pour augmenter l'agilité des doigts d'un pianiste, tous ces moyens n'ont d'autre effet que de vous empêcher d'accomplir les actes naturels avec

aisance et économie, d'arrêter en fin de compte
tout progrès. Je veux assouplir ma main et
me faciliter l'écartement des doigts, ma première pensée sera de les écarter passivement
avec l'autre main, en réalité je réagis à cette
action et je sollicite la contraction des adducteurs qui les rapprochent. Je ne fais donc aucun
des actes qui servent au résultat désiré, et les
plus petits mouvements actifs, même mal faits,
sont plus fructueux.

Mais le préjugé faisant consister la raideur
dans une résistance articulaire est général, on
oublie toujours de remonter à la source même
du mouvement, aux cellules nerveuses motrices :
c'est là qu'est le mal, c'est là qu'il faut porter le
remède.

La même erreur se retrouve d'ailleurs dans
l'éducation intellectuelle quand on remplace
l'observation et la méditation par la lecture des
auteurs et le travail personnel par l'érudition.
On peut attendre longtemps les résultats d'une
pareille éducation.

Loi de la souplesse. — La perfection dans

tout travail consiste à ne faire que des efforts
utiles, à les donner au moment voulu, à les
cesser quand ils n'ont plus de raison d'être, à les
mesurer à la résistance et à les faire porter sur
un groupe de muscles associés en vue de la qualité même du travail. Cette association résulte
du mouvement habituel, elle est une forme économique de l'adaptation mais elle ne peut être
quelconque ; elle dépend de notre état et de notre
organisation.

Pour un homme normal et un travail donné
il n'y a qu'une seule manière de procéder tout à
fait économique.

Nous sommes autorisés à penser ainsi par la
logique même des choses, et l'observation tend à
nous le prouver. En dehors des petits détails
constituant le tour de main, tous les ouvriers
et les artistes du mouvement se rapprochent
d'un même type.

La décontraction volontaire. — La contraction limitée aux groupes de muscles synergiques sous-entend la décontraction des autres,
et c'est là le principal effet économique de la

souplesse; il résulte, comme nous l'avons vu, d'une éducation des centres nerveux sensitivo-moteurs et des actions d'arrêt.

L'immobilité n'est pas forcément le repos, l'effort statique en est un exemple; il faut pour le repos complet la résolution musculaire ou du moins une diminution de la tonicité des muscles. A cette condition seule les centres nerveux se reposent en diminuant leur action.

On n'exerce pas assez sa volonté dans ce sens et souvent nous nous crispons inutilement dans nos attitudes de repos et dans nos mouvements. Il est bon de provoquer cette décontraction au moment opportun; c'est un moyen sûr de réduire et d'éviter la fatigue nerveuse. Le calme des nerfs se traduit par une souplesse générale et un relâchement presque complet, c'est l'image du sommeil. Après un effort violent au contraire, après une grande excitation nerveuse, on tremble et les muscles sursautent quand on a dépassé la limite de ses forces.

Loi du rythme. — L'importance du rythme de travail est si grande, que de ce rythme seul dépend souvent la possibilité de soutenir l'effort.

Le rythme est fonction de la taille et du pouvoir réparateur de l'individu, il dépend aussi de la résistance à vaincre.

La longueur des jambes règle à elle seule la longueur du pas et la cadence de la marche, la vitesse de progression optimum est ainsi fixée par cette longueur; un peu en deçà et au delà de ce rythme avantageux le marcheur se fatigue.

Si la quantité d'énergie disponible est limitée et constante, le rythme décroît quand la dépense croît. Une machine locomotrice ralentit son mouvement dans une côte et s'emballe dans une descente. Une hélice s'affole dès qu'elle ne s'appuie plus sur l'eau. Une pompe élévatoire mue par un moteur donne un certain nombre de coups de piston à la minute et débite ainsi un nombre déterminé de mètres cubes d'eau.

Ouvre-t-on le robinet de débit ou diminue-t-on la hauteur d'élévation, la résistance à vaincre étant moindre, le moteur s'accélère sous l'action de la quantité d'énergie restée disponible. L'inverse se produit quand la résistance s'accroît et malgré ses variations le moteur est toujours amené à une cadence convenable par la constance et à l'uniformité de son travail.

C'est ainsi que retarde et s'accélère le rythme du cœur devant la résistance variable du poumon et des capillaires contractés ou dilatés. Il nous est impossible de transporter en bloc une lourde charge de terre, cela devient facile en la fractionnant, en en prenant chaque fois la quantité qui ne demande pas un gros effort et permet de répéter cette opération un certain nombre de fois par heure et de la continuer longtemps.

Il faut, pour rétablir l'équilibre entre la dépense et les apports nutritifs, des temps différents suivant l'intensité des échanges cellulaires et les réserves de l'individu. C'est la raison du coefficient de puissance personnel et du rythme individuel.

Le pouvoir réparateur règle donc les durées de repos nécessaires; les nerveux peuvent quelquefois donner l'illusion d'une puissance d'action qu'ils n'ont pas en réalité; leurs grands efforts et la vivacité de leur rythme sont trompeurs; ils dépensent leurs réserves et anticipent sur les forces du lendemain, ils ont alors besoin d'un repos beaucoup plus prolongé.

De tout ce qui précède il résulte que la loi d'économie se réalise par le choix du rythme de travail, par l'accoutumance et l'éducation des centres nerveux dans le sens du minimum des contractions inutiles, par les positions du corps favorables à l'effort et l'adaptation de notre outillage à notre conformation.

L'effort énergique s'accorde très bien avec l'économie; dépenser son énergie en pure perte, mettre de la raideur dans ses mouvements, c'est au contraire diminuer notre résistance à la fatigue, notre puissance vitale, et rendre impossibles l'adresse et la bonne coordination.

Les limites de notre perfectionnement par l'effort volontaire. — L'amélioration de nos mouvements ne peut exister en dehors d'un effort volontaire, d'un effort d'attention soutenue et guidée par nos sensations intimes; pour

passer d'un état inférieur à un degré un peu
plus élevé il faut avoir la notion bien nette
de ce que l'on veut être, il faut connaître ses
défauts et vouloir les corriger. Le perfectionnement est un idéal; dès qu'il n'est plus défini, le
résultat du travail devient incertain.

S'acharner à agir follement dans une direction tracée ne sert de rien; la réflexion doit apporter la lucidité et la précision dans nos actes
moteurs comme dans nos pensées si nous voulons aller plus avant; il arrive cependant un
moment, variable pour chacun, où cette lucidité
s'éteint; alors, guidé par des sensations trop
vagues, l'effort personnel devient maladroit et
stérile.

Notre perfectionnement a donc forcément une
limite; cette limite est celle de la netteté de nos
sensations motrices et, en général, de l'acuité
de nos sens. Au delà nous errons dans l'incertitude et nous n'avançons plus. Entre les diverses
personnes existent des différences profondes à
ce sujet; la mentalité, le jugement portent chez
tous l'empreinte du passé, de l'hérédité, des ha-

bitudes, de l'éducation et du milieu; le caractère des mouvements est de même la conséquence de la contexture de l'appareil nerveux, des inextricables dédales qui canalisent la volonté, la distribuent indemne jusqu'aux plaques motrices des muscles ou la modifient à l'infini par les réactions individuelles, conscientes ou brutales comme le réflexe.

Il est impossible de concevoir un organisme sans délicatesse, massif et cependant perfectible; on ne peut pas tirer des trésors d'une mine qui n'en renferme pas, mais on peut aussi, si l'on ne fait point les efforts nécessaires, n'en savoir rien obtenir, fût-elle pleine de richesses.

Le but de l'éducation, et en même temps la limite de ces bénéfices, est impliqué dans cette observation; on est loin en général d'avoir épuisé toutes ses ressources, le champ est assez vaste à explorer, elles semblent même augmenter avec nos efforts pour les mettre en lumière. On doit forcément s'arrêter à un point culminant de hauteur variable pour chacun et suffisamment élevé pour valoir la peine de le gravir.

On peut mesurer la valeur physique et surtout la valeur morale de l'individu aux efforts employés à son amélioration pendant sa vie. La perfection des sens est une condition de succès : un arriéré et un instable n'iront pas loin, pas plus qu'un aveugle ou un sourd-muet. Toute sensation obtuse ou absente est une lacune diminuant les rapports des impressions si utiles à l'harmonie générale de notre être, c'est une indication de moins pour nous déterminer consciemment. C'est, dans un orchestre, l'absence d'une partie intermédiaire enlevant à l'ensemble sa plénitude, et altérant l'intensité et la finesse des nuances dans l'exécution.

J'ai la conviction que nous avons sur nous-mêmes un grand pouvoir, j'arrive ainsi à attribuer mes insuccès à mes propres fautes, non au hasard, et je suis alors porté à faire des efforts pour me corriger. Si la réussite n'est pas absolue, ces efforts sont toujours fructueux; ils font jouer en moi des ressorts qui m'étaient inconnus et me donnent un peu plus de possession de moi-même.

J'appuie avec une insistance voulue sur l'importance d'une bonne direction de nos efforts;
le mouvement porte en lui-même son fruit ou la
stérilité; s'il est bien dirigé il déclanche une
série d'actes internes et s'associe à nos besoins
ou bien il demeure étranger à notre vie s'il n'y
prend aucune racine et s'il est trop abstrait et
trop schématique.

Je fais allusion ici aux exercices abstraits en-
seignés sous le nom de gymnastique et aban-
donnés aussitôt sorti de l'école, heureusement
d'ailleurs. C'est la preuve la plus convaincante
de leur inutilité et de leur désaccord complet
avec nos mouvements naturels.

On reconnaîtra bientôt cette erreur, j'ai fait
mon possible pour éviter aux autres une perte
de temps, mais je suis patient, je sais combien
les préjugés sont tenaces; celui dont il s'agit
est d'une nature toute particulière.

J'ai rêvé de faire une expérience difficile à réaliser : un jeune enfant serait mis dans un milieu
favorable à son développement et entre des
mains prudentes et éclairées; il n'aurait autour

de lui que des exemples et ne recevrait que des impressions faisant naître des idées conformes au but auquel on le destine et graduées avec son état de croissance, il ne connaîtrait ni le mensonge ni aucun préjugé, on lui montrerait les choses comme elles sont, on lui épargnerait les doutes et les contradictions, les efforts vains et les reculs en arrière; tout ce qu'il aurait appris lui serait utile.

L'ordre serait dans son esprit sans chocs ni crises violentes, toujours en harmonie avec son milieu, ce sujet privilégié arriverait plus sûrement à un équilibre de perfection solide et progressive.

Ce cas idéal a pu se rencontrer chez les princes éduqués par des grands hommes, on peut le retrouver aujourd'hui, l'esprit scientifique dominé par un idéal de beauté et d'énergie morale en donne le moyen. Mais, m'objectera-t-on, on n'apprend vraiment qu'à ses dépens, la lutte et les fautes personnelles ont leur utilité. Je n'entends pas isoler et éloigner mon élève du combat de la vie, j'essaie seulement de le guider, en lui laissant toute liberté; je me borne à ne rien lui apprendre d'inutile, qui, contraire à sa nature lui gâte ses facultés innées; je tire de lui ce qui existe sans le fausser; cultivé de cette façon il me semble qu'il n'aurait plus qu'à entrer dans la vie, tout préparé, sans grands espoirs ni sans grandes déceptions comme on aborde au rivage de plain-pied.

La limite de notre perfectibilité dépend en résumé de notre état et de notre milieu, mais aussi de l'éducation qu'on se donne.

Il faut des efforts incessants pour se maintenir à un certain niveau physique intellectuel et moral, si l'on veut encore avancer, ces efforts doivent toujours grandir, d'autant plus qu'on approche de la perfection sans pouvoir jamais l'atteindre.

II. — Beauté de l'effort.

Tout effort est une manifestation extérieure de la vie ; il mérite notre attention car il indique ud travail accompagné quelquefois de souffrance et la réalisation d'une idée pensée et voulue.

Tout ce qui pousse l'être vivant à agir n'est évidemment pas intéressant, mais l'effort en lui-même, issu d'une volonté, est si différent des propriétés des corps inertes, que nous admirons toujours, sous toutes formes, ce pouvoir d'action mystérieux nous permettant de modifier notre milieu et même notre état, suivant nos besoins.

Notre sentiment d'admiration sera encore plus vif si nous saisissons l'idée directrice de l'effort voulu et le travail réalisé. L'observateur délicat trouve dans cette constatation un plaisir infini né de la sensation agréable d'un travail bien fait et d'un amour profond de l'ordre.

L'effort n'est beau qu'à cette condition; il doit avoir l'apparence extérieure facile bien qu'énergique, et le résultat final doit sembler être obtenu sans peine ou du moins sans peine perdue. Ceci demande à être expliqué.

En étudiant les qualités des mouvements et du travail nous avons pu les indiquer nettement : rythme bien approprié aux masses à mouvoir et aux résistances à vaincre, suivant notre pouvoir réparateur; harmonie des efforts partiels et participation du corps entier à l'action résultante; économie dans la dépense par la souplesse et l'indépendance des contractions musculaires.

Ces conditions sont celles de l'effort parfait; ce sont en même temps celles de la beauté des mouvements. L'observateur perspicace y voit la meilleure réalisation mécanique du travail; l'artiste, sans l'analyser, et inconsciemment, a cependant le sentiment de la meilleure adaptation de l'effort. Les deux esprits de l'artiste et du physiologiste, en partant de points différents, doivent se rencontrer devant la nature.

La perfection extérieure d'un mouvement ne peut exister en dehors de sa perfection mécanique, et le sentiment de beauté qu'il nous donne se confond ici avec le sentiment de l'ordre et de l'harmonie.

L'attribut essentiel de la vie c'est le mouvement et l'effort qui indiquent chez nous une poussée de vie, la satisfaction d'un besoin ou d'une passion, et le résultat d'une pensée menant à l'action énergique.

La beauté de l'être vivant éclate surtout dans les attitudes et les allures présentant la plus grande apparence de vitalité, mais manifestant aussi dans les parties du corps une harmonie d'action nettement en rapport avec la nature de l'effort et lui donnant par cela même le maximum d'expression.

Si la beauté est vraiment l'état de perfection de l'individu, tout défaut de structure ou de fonctionnement est incompatible avec elle. Restons sur ce terrain positif et nous pourrons alors avoir une notion du beau dégagée de nos habitudes, de nos goûts et de nos sensations.

L'art et l'effort. — Dans la représentation artistique ce qui est simple et bien conçu sera toujours supérieur aux œuvres compliquées et d'une exécution pénible. La ligne et le plan doivent l'emporter sur la profusion des détails.

L'expression placide du visage et la sobriété du geste sont la règle de la statuaire antique; les athlètes sont presque tous représentés au repos et dans une attitude très simple. Les positions forcées guindées, ou indiquant un effort exagéré ne peuvent être belles; le naturel n'est pas soumis à l'arbitraire.

Les artistes anciens vivaient en contact avec les athlètes nus et en mouvement, ils les observaient sans cesse; aussi les représentations du mouvement qu'ils ont laissées sont exactes. Les modernes se servent au contraire de modèles au repos, dans l'atelier, ils ne connaissent pas assez la vie et le mouvement, ils sont imbus de conventions scolastiques dont il est presque impossible de se dégager à moins de refaire totalement l'éducation de son œil sur la nature; et il est très difficile d'observer ce que l'on a l'habitude de voir constamment sans y porter attention.

Pour Bacon, l'artiste doit « *ajouter son âme à la nature* », c'est par la connaissance de la nature que la notion de beauté doit s'introduire en nous et non par des études de convention.

Les attitudes et les mouvements simples seront les plus beaux à représenter; une statue mouvementée à l'excès, esquissant un geste interrompu figé dans le bronze nous donne une impression de malaise indéfinissable.

Représentation expressive de l'effort. — Faudrait-il pour cela repousser toute représentation du mouvement ? Certes non ; suivant notre connaissance nous tolérons l'attitude juste et aperçue nettement, nous repoussons au contraire toute forme, même vraie, comme une épreuve photographique si nous ne l'avons jamais perçue.

En représentant l'effort, l'artiste doit nous donner l'impression d'un acte bien exécuté, harmonieux, adroit, et non de contractions musculaires désordonnées sans lien et sans raison apparents.

Pour oser essayer représenter la vie et le mouvement, il faut avoir compris l'action des efforts partiels et surtout la façon intelligente avec laquelle ces efforts s'unissent et s'entr'aident.

Il faut que cette impression subsiste et domine sous l'aspect d'une éclatante synthèse constituant l'ordre et la beauté de l'œuvre.

Transporter, au contraire, dans la représentation du mouvement, des positions ou des formes du corps prises dans le repos, c'est une marque d'ignorance profonde qui indique chez son auteur l'absence complète du sens d'observation.

Toutes les images photographiques de sujets en mouvement doivent intéresser le savant, mais l'artiste ne peut accepter que celles où il retrouve ses impressions visuelles. Dans les séries chronophotographiques on en voit de tout à fait caractéristiques; leur puissance d'expression est très grande ; l'effort admirablement utilisé éclate alors sous la forme d'une parfaite harmonie ; ces épreuves constituent sans aucun doute des documents de la plus grande beauté.

L'étude et l'observation du mouvement dans la nature étendent les ressources et augmentent les moyens d'expression mis au service des arts de la vie. En se popularisant, ces connaissances plus approchées de la réalité nous feront abandonner les représentations conventionnelles du mouvement qui frisent quelquefois le mauvais goût et ne supportent pas l'examen sérieux.

Ainsi évoluent la science et l'art ; leur progrès s'affirme sûrement dans la direction naturelle. Chercher comme le savant à voir la nature telle qu'elle est ou la sentir en artiste sont évidemment deux points de vue différents, mais l'objet de ces études, la raison de ces impressions, la nature en un mot, indépendante de notre mentalité, ne varie pas comme celle-ci et constitue un point fixe de ralliement.

Chez le philosophe l'admiration du savant et l'émotion de l'artiste se confondent dans un sentiment intense de vrai et de beau, sentiment plein de poésie et d'attrait.

L'apparence extérieure de l'effort et les traits dans lesquels on le représente doit provoquer avant tout la sensation d'harmonie et de synthèse réalisée sans donner au détail anatomique une place prépondérante. Copier une photographie instantanée strictement, sans avoir reçu l'impression du mouvement, est aussi erroné que d'imaginer un effort et de le construire avec l'esprit, rationnellement. Tout n'est pas à prendre dans le vrai; il faut laisser ce qui ne porte pas le caractère nettement expressif. Choisir un modèle maladroit pour étudier le mouvement est aussi peu esthétique que choisir un modèle difforme pour représenter une attitude de repos.

L'œuvre de l'artiste sera d'autant plus durable qu'elle résistera à l'examen d'un œil plus exercé; cependant, d'accord avec les gens de goût, nous nous refuserions volontiers à accepter les traits convulsés et les contorsions exagérées d'un apprenti athlète, ne voyant dans une œuvre de cette espèce aucune harmonie, mais du désordre,

et donnant une sensation de malaise et de lai-
deur.

Grimace de l'effort. — Il y a l'effort de cris-
pation comme il y a la grimace du visage où la
discordance des traits ne donne aucune impression définie mais plutôt plusieurs impressions
simultanées ; le plus ignorant désavoue ces contradictions, pour qu'une impression soit forte
elle doit être une. Il faut, pour en isoler les
causes, lui donner son caractère expressif, mais
ne pas chercher à l'obtenir avec des éléments
disparates.

Au delà d'une certaine limite d'intensité, l'effort se gaspille et se disperse en contractions
désordonnées se généralisant à toute la musculature, jusqu'à la face, qui prend une expression
de douleur. L'harmonie et l'ordre n'existent pas
en dehors de l'effort modéré conscient et toujours maîtrisé. L'effort désordonné a l'apparence
d'une souffrance et d'une torture, les muscles ne
sont plus d'accord pour agir, les contractions
sont plutôt réflexes que des actes réfléchis, nous
ne nous trouvons plus devant l'acte normal

mais nous côtoyons la contracture hystérique.

Au point de vue gymnastique, la beauté du mouvement se confond avec la beauté artistique, et les praticiens et les artistes doivent se mettre d'accord sur ce point. Malheureusement chacun d'eux oublie de se retremper dans les sources naturelles, et faisant bande à part, se forge des préjugés et des principes conventionnels. De là leurs divergences de jugements et d'opinions traditionnelles et l'on s'explique, en le regrettant, qu'on puisse, partant du même point, arriver quelquefois à des divisions aussi profondes.

Mais on a tout lieu d'espérer que l'accord se fera; il est tout fait avec les grands artistes. Le talent acquis, même poussé très loin dans une spécialité, ne suffit pas; pour cela il faut à tous une culture générale par un travail étranger à toute technique, il faut former le jugement, perfectionner nos sens pour que les œuvres d'art acquièrent une puissance d'expression vraie que rien ne peut égaler; simplicité, vérité et harmonie sera la formule de cet art nouveau. Tout ce qui précède s'applique au geste et à la parole,

manifestations de la vie comme le mouvement.
Rien de plus grotesque qu'une intonation fausse
ou un geste faux; le désaccord entre l'état mental
et sa manifestation extérieure est le défaut des
acteurs médiocres. Si la connaissance de ces
harmonies est encore rudimentaire, entre des
mains averties et avec des esprits perspicaces
on peut espérer que le théâtre trouvera, comme
les arts plastiques, la voie sûre que le manque
de goût et l'ignorance du public lui ont fait
parfois abandonner.

La beauté est une harmonie. — On arrive
progressivement à la conception de la beauté,
mais le beau est une notion d'ensemble, une
vue centrale, une synthèse et une harmonie
qu'on ne peut disséquer; on ne peut le réaliser
par une adjonction de détails séparément par-
faits mais juxtaposés au lieu de se pénétrer les
uns les autres. Ces détails sont peut-être les
éléments de la beauté, mais la source de celle-
ci est dans l'harmonie qu'ils présentent entre
eux. La beauté ne s'analyse pas rationnellement,
l'esthétique vraie n'est pas de la géométrie;

elle est le sentiment profond de l'harmonie.

La première impression que nous cause la vue du mouvement est une impression de formes variées et définies par des lignes et des rapports géométriques.

Nous saisissons ensuite les rapports entre les mouvements, les forces et les résistances ; entre le travail et ses causes mécaniques. Un peu plus loin notre mécanique devient plus vivante quand notre attention est éveillée par les rapports de structure et le fonctionnement des organes que la physiologie nous indique. Enfin, nous constatons dans notre organisme une harmonie de structure et d'action grâce à laquelle nous entrevoyons la possibilité d'une activité parfaite, et nous arrivons à comprendre comment se réalisent les meilleures conditions de travail.

Ce sont alors les rapports, vrais esthétiques ; c'est aussi le dernier terme de notre connaissance. Nous n'y arrivons pas d'emblée mais progressivement, il n'est même pas donné à tous d'aller jusque-là.

La multiplicité des opinions sur les procédés de l'éducation physique et leur contradiction apparente vient des jugements partiellement vrais mais incomplets suivant que l'on s'arrête à chacune de ces étapes sans jamais les franchir toutes.

Ces observations suffisent à justifier de la nécessité d'un enseignement élevé et complet des mouvements pour former les éducateurs de notre jeunesse.

III. — Harmonie et travail.

Chaque organisme vivant est capable de produire une certaine quantité d'énergie utilisable qu'il ne peut dépasser. Ce maximum de dépense au delà duquel la vie s'amoindrit dépend du concours parfait de toutes les fonctions et de leur harmonie.

Une bonne éducation physique doit avoir pour but d'établir et de conserver à l'organisme humain cette harmonie pendant tout travail. Faire des efforts violents en partie perdus, se fatiguer par des mouvements discontinus, saccadés et brusques avec un rythme quelconque souvent mal choisi, ce n'est pas le moyen d'obtenir ce résultat. Il faut au contraire, à tout moment, conserver l'entière possession de soi-même et sentir ce qui se passe en nous; il faut lutter pour conserver ou rétablir l'ordre de nos grandes fonctions.

Par exemple : développer en détail les masses musculaires, faire des efforts locaux pour amplifier exclusivement la cage thoracique, c'est détruire notre harmonie. Celle-ci s'acquiert d'elle-même par l'entraînement à une dépense progressive de travail, par des efforts généraux et variés et non par de petites recettes en apparence scientifiques et en réalité faussant volontairement et méthodiquement notre machine.

Le muscle étant un organe de dépense, le développer au delà d'une mesure raisonnable c'est risquer les chances de faillite si par un entraînement de fond on n'obtient pas en même temps l'adaptation des organes de la nutrition, de la circulation, de la respiration et du système nerveux à la plus-value de travail et d'effort.

Harmonie de développement. — L'être humain peut être parfait dans sa structure, cela ne suffit pas, il doit faire face à la satisfaction de ses besoins, lutter et remplir sa vie. Ne considérer en lui que la beauté plastique sans chercher sa supériorité dans l'action; séparer le développement du corps de son état de fonctionnement me semble une erreur pédagogique dont les résultats négatifs ne font plus de doute.

La forme extérieure de l'homme est le résultat de son adaptation au travail et de la localisation de ses efforts habituels; chercher par des moyens autres que les moyens naturels à la modifier, c'est rompre l'harmonie qui doit exister dans tout être équilibré et bien adapté à son milieu.

Les organes de notre corps ont un peu leur autonomie, mais ils forment un ensemble dont l'activité doit s'accorder afin d'obtenir un maximum d'action résultante. Le but de l'éducation physique est de favoriser cette harmonie fonctionnelle.

Harmonie musculaire. — Le muscle s'adapte à l'effort et à l'amplitude du mouvement qu'on lui demande; en lui opposant une résistance en rapport avec sa section, en lui demandant tout le raccourcissement et toute l'élongation dont il est capable, on obtient son développement total. Le fait d'exécuter les mouvements avec toute l'amplitude permise aux articulations est une garantie certaine du fonctionnement complet de toute notre musculature.

Chaque groupe musculaire donne ainsi son effort normal en conservant sa fonction habituelle, il le fait avec le mouvement le plus ample et le plus étendu possible. Ainsi s'obtient la beauté de la forme, conséquence de l'harmonie de développement.

Un travail spécial qui change ou intervertit la fonction ordinaire du muscle détruit au contraire cette harmonie, l'effort ou l'étendue du mouvement, facteurs du travail musculaire, devenant excessifs ou insuffisants. La fonction complète est la condition de l'harmonie de structure et le mouvement naturel peut seul donner et conserver celle-ci. Toute spécialisation nous déforme en accaparant à son profit les ressources de l'organisme; si elle nous rend plus forts dans notre spécialité elle diminue notre aptitude à d'autres travaux.

On évite ces inconvénients en variant la nature de nos efforts dont les effets se corrigent alors et se compensent, mais il n'y a pas lieu de se servir de moyens ni de machines artificiels pour arriver à ce résultat; on obtiendrait ainsi une musculature fausse.

Les exercices de locomotion normale : marche, course, sauts, natation, grimper, porter, lancer suffisent largement à notre développement harmonieux.

Chacun trouve un équilibre de nutrition pour son poids, sa taille, sa musculature et le travail habituel. Un homme peu musclé obligé à faire face à de gros efforts se met dans les conditions de travail les plus déplorables ; un sujet très musclé sédentaire, forcé au repos, est dans le même cas.

Pour faire vivre et entretenir en bon état un certain poids de tissu musculaire, il faut lui faire dépenser une certaine quantité journalière d'énergie, mais pour cela il faut être assuré du concours suffisant des fonctions de nutrition et de réparation.

Quand le développement musculaire est acquis par le travail normal de la locomotion l'adaptation est parfaite ; l'équilibre fonctionnel se produit et le système nerveux en assure à chaque instant la régularisation. Le développement musculaire artificiel, excessif, sans plus-value énergétique de tout l'appareil nutritif et respiratoire est, au contraire, une mauvaise acquisition et nous arrivons à cette simple vérité que le meilleur moyen de se développer est d'agir et de travailler énergiquement dans des conditions d'hygiène suffisantes.

Le corps a la faculté de se prêter à toutes sortes d'activités, mais cette faculté se perd par la spécialisation.

La gymnastique, les sports et l'athlétisme n'obtiennent pas l'harmonie de l'être humain quand ils cherchent l'excès dans une seule direction.

L'harmonie vous rend apte à tout ; l'homme spécialisé ne va pas loin, même dans sa spécialité, car il est terrassé par la fatigue et les maladies professionnelles.

Le muscle hypertrophié par des moyens artificiels se perd lorsqu'on cesse de l'entretenir avec ces mêmes moyens, comme disparaît la résistance à la fatigue avec l'interruption de l'entraînement.

Les masses musculaires informes, monstrueuses, devant lesquelles on s'extasie, appartiennent à des corps desharmonisés. Quand on fausse le mécanisme d'un mouvement on détruit par cela même l'harmonie de structure des muscles, de même que l'on détruit l'accord qui devrait exister entre eux et les parties motrices des centres nerveux.

Tout se tient; on ne peut prétendre développer le corps d'après un système préconçu et conserver en même temps les rapports normaux et naturels entre les organes.

Il y a en effet une structure optimum qui permet d'utiliser l'énergie vitale dont un homme dispose; en dehors de cette structure, les organes trop développés pour leur fonction végètent, ceux qui ne le sont pas assez se surmènent ; dans les deux cas, il y a des raisons de troubles de la santé parce qu'il n'y a pas équilibre fonctionnel.

Aurait-on l'idée de développer le tibial anté- rieur de jambe par des mouvements spéciaux et isolés et de le faire pousser au delà de sa gros- seur habituelle pour obtenir ainsi une nouvelle forme de la jambe ! Quel avantage en tirerait-on ? Le muscle tibial antérieur a son rôle dans la marche, rôle associé à celui d'autres muscles, sa grosseur et sa longueur sont en rapport avec sa fonction ; on ne marchera pas mieux en l'hy- pertrophiant.

On ne peut définir à priori la forme extérieure du corps, puisque cette forme est la résultante du travail et que les mouvements doivent se faire en vue de la meilleure utilisation de la force musculaire, et non pour satisfaire à des idées préconçues. D'ailleurs, les exercices d'atti- tude faits en vue de modifier la forme extérieure ne touchent l'homme que très superficiellement, et ne lui donnent pas la résistance à la fatigue, conséquence de l'harmonie fonctionnelle. Les différences entre deux sujets, sous ce rapport, ne se manifestent pas forcément par des différences de formes. Les mesures extérieures ne donnent rien; pour connaître ces deux sujets il faut les soumettre à l'épreuve et les juger pendant le travail. On est toujours trop préoccupé de toucher séparément aux organes du corps et de les développer à part; cela n'a pas de raison; un organe est amélioré quand sa fonction est plus parfaite relativement à l'ensemble; ce n'est pas à son développement isolé, ni à sa grosseur que sera dû le perfectionnement réel.

Harmonie de fonctionnement. — Le perfectionnement est une harmonie. Si l'on donnait à son corps les aliments juste pour compenser ses pertes en travail, si on lui laissait le temps et le moyen d'éliminer ses déchets et ses toxines, on se rapprocherait du fonctionnement parfait. Mais on n'agit jamais ainsi, on travaille trop ou pas assez. Les aliments sont trop copieux, les repos souvent excessifs.

L'organisme possède, il est vrai, un merveilleux pouvoir d'accommodation, mais sa faculté d'adaptation est cependant limitée. Cette accommodation incessante est une fatigue qui finit par émousser sa sensibilité, diminuer sa souplesse, rompre son équilibre et abréger la vie.

L'erreur la plus répandue est d'attribuer au travail un résultat utile d'autant plus grand sur le développement et la résistance que le travail aura été plus énergique ou plus prolongé.

Le développement musculaire et les effets généraux de l'exercice seront au contraire la conséquence d'un travail bien rythmé, peu prolongé mais assez intense, coupé d'intervalles de repos fréquents et repris dès que la réparation s'est faite. Prolonger la dépense, c'est retarder la nutrition complète.

Le muscle sollicité par une résistance presque constante et continuée pendant tout son raccourcissement, est dans les meilleures conditions de développement. Dans ce cas la contraction active dure pendant toutes les phases du mouvement et n'a pas lieu seulement à fin de course comme dans les exercices à vide.

Un organe qui fonctionne activement est le

siège d'une circulation plus parfaite et d'échanges chimiques plus intenses, c'est pourquoi l'exercice a tant d'effet sur sa nutrition. Par leur fréquence ces échanges deviennent plus faciles, l'état d'action et l'état de repos sont moins différents, le passage de l'un à l'autre demande un moindre effort d'adaptation. La répétition d'un même acte facilite donc l'acte en le rendant habituel, et l'habitude a pour cause première une nutrition plus facile des organes intéressés, ce qui leur permet de mieux répondre aux diverses excitations et d'obéir à notre appel d'une façon plus complète.

Nos mouvements associés sont un exemple d'harmonie de fonctionnement; n'étant jamais produits par un seul muscle mais par un groupe de muscles synergiques, il faut une entente parfaite entre ceux-ci pour réaliser au mieux le travail.

L'immobilisation systématique d'une portion du squelette est la négation même de l'harmonie; le corps entier doit se placer devant la résistance à vaincre dans la position la plus

avantageuse pour lui résister. Il faut le laisser
libre pour agir au mieux et ne pas le lier par une
attitude fausse de simple convention. Un travail
n'est pas parfait s'il n'est pas obtenu économiquement, il est même antiéducatif de s'y préparer
par des procédés qui demandent des dépenses
superflues. Une éducation fausse met le désordre
dans nos mouvements; sous une forme extérieure conventionnelle ayant l'apparence logique
parce qu'elle est une difficulté vaincue, nous
cachons nos erreurs, nous faisons un contresens
au point de vue mécanique et nous gênons celui
à qui nous l'imposons.

Dans la locomotion instinctive il y a une
foule de mouvements semblant inutiles au premier abord mais, en réalité, dont on ne peut se
passer. Dans le saut, par exemple, l'élévation des
bras et du genou coïncidant avec l'impulsion
de la jambe opposée, est une condition du maximum d'effet; le balancement des bras coïncidant
avec l'oscillation de la jambe dans la marche, est
un moyen de régulariser le mouvement de progression du corps. La synergie des contractions

musculaires doit avoir un but économique, elle ne peut être établie au hasard du caprice ; ce serait construire un édifice éphémère destiné à être démoli plus tard ; ce serait la désharmonie systématique dans le mécanisme moteur et à sa source même dans des centres nerveux faussés et mal organisés.

Il ne faut donc pas s'étonner après cela de voir des sujets bien musclés, d'apparence solide, inaptes à des exercices pratiques les plus simples et les plus naturels, mais brillant cependant dans les exercices artificiels auxquels ils ont été dressés.

Que de gaspillage d'énergie humaine par de fausses doctrines et nos fausses éducations ! L'habitude commençant au premier acte, dès les premiers mouvements, il est de la plus grande importance de faire très bien ces premiers actes simples d'abord, compliqués ensuite, mais accompagnés toujours de sensations bien nettes, sans bégayage.

Il faut renoncer à considérer le corps vivant comme une chose inerte.

Si les lois de la mécanique lui sont applicables, dans le saut par exemple, où le corps est assimilé à un projectile, cela est vrai pour son centre de gravité.

Le corps est peut-être un projectile, mais un projectile intelligent, pouvant se placer comme il veut sur sa trajectoire, changer de forme pour rétablir son équilibre et se préparer à recevoir le choc final dans les meilleures conditions de chute et de sauvegarde.

Le corps du sauteur peut se durcir où il faut, rester souple et élastique où il faut et s'orienter dans l'espace comme le chat qui retombe toujours sur ses pattes. Nos attitudes et nos efforts partiels doivent concourir à créer un effet résultant intense, utile et bien dirigé.

Il n'y a de fixe et de constant que cet effet résultant; le moyen de l'obtenir peut varier; pour chaque sauteur la position des bras pourra être différente mais le mouvement d'élévation de ceux-ci sera toujours vif, il coïncidera avec l'impulsion des jambes; les segments du bras participeront plus ou moins à l'élan, peu importe:

la loi de l'accélération du mouvement avec l'effort initial est toujours satisfaite.

Pour être harmonieux, l'enchaînement des attitudes et des mouvements demande une succession d'actes non interrompus; leur liaison doit être facile et économique. Des points d'appui communs permettent les changements de position sans perdre l'équilibre, de passer ainsi d'une base de sustentation à une autre et de prendre de nouveaux points d'appui autour desquels on pivote en changeant de forme ou de position d'une façon continue.

Dans deux attitudes successives et liées, il doit y avoir des contractions communes se modifiant et se transformant sans interruption et sans brusquerie, nous faisant passer successivement et insensiblement des positions de départ aux positions de transition et aux positions terminales.

Les différentes parties du corps ne présentent pas la même résistance d'inertie au mouvement, elles ne peuvent donc être déplacées avec un même rythme sans nécessiter des efforts peu harmonieux et anti-esthétiques. Dans les mouvements des différents segments du corps il y a donc une harmonie particulière imposée par la nécessité de rythmes propres à la jambe, au tronc, aux bras et aux mains. La danse présente les combinaisons les plus variées de ces rythmes et en tire un grand effet.

Mais une combinaison quelconque de mouvements partiels ne constitue pas une synthèse de mouvements, et recoudre ensemble les exercices séparés de chaque partie du corps n'y mène nullement.

Le perfectionnement de l'être vivant consiste à unir dans un même lien et sous un même commandement toutes les parties de notre individu ; cela doit résulter d'un travail personnel qui est tout l'opposé de l'analyse. C'est pourquoi les attitudes provoquées par nos pensées sont toujours harmonieuses et justes ; les attitudes cherchées comme les mouvements composés avec des morceaux disparates sont toujours fausses.

La physiologie doit éclairer l'éducation de nos mouvements à la condition d'être une étude complète et réelle de la vie et de ne plus rien demander au cadavre.

Pour oser prononcer un jugement sur la valeur éducative d'un exercice quelconque, il faut vraiment connaître et comprendre l'être vivant, en saisir l'harmonie et les relations fonctionnelles intimes. En perdant de vue l'ensemble de tout l'appareil vital, on a tendance à stimuler une fonction languissante par des effets locaux; mais on rompt de ce fait l'harmonie de cet ensemble inséparable, on nuit à sa perfection en donnant à une partie l'importance qu'elle ne doit pas avoir dans le tout.

Harmonie respiratoire. — Nous pouvons citer comme exemple l'abus des exercices respiratoires mal appliqués.

Pour améliorer la fonction respiratoire, il ne suffit pas d'augmenter l'amplitude du mouvement des côtes, ce dernier n'étant qu'un des facteurs de la respiration.

D'abord cette amplitude ne doit pas dépasser une certaine valeur, au delà de laquelle il n'y a plus bénéfice au point de vue de l'ampliation pulmonaire, le diaphragme étant immobilisé avec les côtes inférieures dans les mouvements exagérés du thorax.

L'ampliation doit donc porter sur les côtes et sur le diaphragme; l'expiration doit avoir une amplitude aussi grande que l'inspiration; le rythme respiratoire ne doit pas être modifié arbitrairement, sous risque de troubler la circulation pulmonaire et la fonction du cœur; le travail musculaire doit ajouter aux mouvements respiratoires son action pour favoriser le cours du sang veineux et activer la fonction d'hématose puisque les échanges gazeux sont la fin des mouvements respiratoires.

Partant de ce principe que tout affaissement thoracique entraîne une diminution de la surface pulmonaire active, on cherche souvent à modifier le mécanisme naturel de la respiration en faisant prédominer le mouvement des côtes sur le mouvement du diaphragme.

Cependant la respiration diaphragmatique est plus importante que la respiration costale, car le changement de volume du poumon dû à l'augmentation du diamètre vertical de la poitrine, est plus considérable que celui dû à l'élévation seule des côtes.

Substituer la respiration thoracique et claviculaire à la respiration abdominale, ce n'est pas améliorer la fonction. Dans le jeu du diaphragme il faut voir aussi le brassage des liquides contenus dans l'estomac et dans l'intestin, puis une circulation thoracique et abdominale plus active.

Immobiliser le thorax en inspiration, c'est respirer moins d'air en diminuant la course du diaphragme. Prendre une attitude d'extension exagérée, c'est diminuer également l'amplitude du mouvement des côtes et empêcher l'abaissement du diaphragme par la tension excessive de la paroi abdominale.

Il ne faut pas voir dans l'essoufflement seulement l'accélération des mouvements respiratoires nécessitée par le besoin d'un échange gazeux plus intense entre le sang et l'air. Dans un exercice violent il doit y avoir hématose, mais aussi lavage des muscles, et refroidissement du sang dans le poumon. En réalité l'essoufflement est un trouble du mécanisme respiratoire se produisant automatiquement et qu'il faut combattre par l'éducation.

Si l'on fait passer plus d'air dans le poumon, il faut encore utiliser au mieux cet air; les vaisseaux sanguins et aériens sont contractiles, la diminution de leur calibre peut compenser l'effet des efforts d'inspiration. Il faut alors envisager la perméabilité du poumon à l'air et au sang et éviter les stases sanguines qui se produisent dans le poumon et dans le cœur par suite d'un mauvais rythme de la respiration et d'un mauvais rythme de travail. La dilatation forcée du thorax fait peut-être pénétrer de l'air dans la poitrine, mais que devient cet air si le poumon est congestionné et si les alvéoles pulmonaires sont affaissées? C'est pourquoi le rythme des mouvements respiratoires, la durée et l'amplitude relatives de l'expiration et de l'inspiration sont des facteurs prépondérants du maintien de l'ordre dans la fonction respiratoire; l'affaissement et la dilatation de la poitrine favoriseront le cours du sang d'une façon parfaite si le rythme est bien adapté et si à cet effet vient se joindre celui du travail musculaire pour aider le cours du sang veineux.

A cet exemple on pourrait en ajouter bien d'autres pour l'intelligence de l'harmonie dans nos fonctions, nous avons fait ces études dans différents ouvrages antérieurs [1].

1. *Mécanisme et Éducation des mouvements. — L'École française. — Harmonie des mouvements. — Le Violoniste.*

IV. — Moralité de l'effort.

Plaisir résultant de l'effort accompli. — Les meilleures journées sont celles où vainquant sa paresse on a produit un travail utile. Rien n'est comparable au plaisir acheté par un effort énergique; le plaisir acheté à prix d'argent est à fleur de peau, le plaisir acquis par l'effort personnel est intime et intense, il rehausse l'individu au lieu de le blaser et d'émousser sa sensibilité.

On ne peut rechercher toujours la jouissance elle porte en elle-même le dégoût; il faudrait être un sybarite bien entendu et peu ordinaire pour ne pas aller jusque-là. La jouissance comme l'action d'un poison fuit d'ailleurs quand on la recherche; il faut toujours augmenter la dose pour en prolonger l'effet.

Les plaisirs des sens ne sont pas comparables aux plaisirs durables de l'esprit et de l'action; la chair est triste, l'effort est vivifiant et gai. Les saints et les martyrs allaient au supplice avec joie, les blasés vont au plaisir avec mélancolie.

Un soldat blessé dans la bataille ne sent pas sa douleur, l'effort énergique et le sacrifice volontaire qu'il fait de sa vie, lui masquent son mal.

Les prouesses sportives nous font produire de grands efforts; tous les sportifs sont exubérants de gaîté et de bonne humeur. Dans la réalisation d'un but élevé, les obstacles et les soucis sont oubliés dès le succès obtenu; le fumeur d'opium traîne au contraire une vie misérable sans objet et sans issue, il est toujours à la recherche de sensations et d'un plaisir imaginaire qui le fuient.

Il faut avoir désiré fortement quelque chose, pour savoir en apprécier la possession; il faut l'avoir recherché avec patience et par un travail de longue haleine pour en goûter toute la saveur.

Une collation frugale prise au sommet d'une montagne, après une longue étape, vaut mieux qu'un festin luxueux, sans appétit et sans besoin.

Dès ma toute jeunesse, j'avais déjà la passion des outils et de la musique; mes parents, de fortune modeste, me laissaient faire, mais ne m'encourageaient point; il fallait, pour garnir ma bibliothèque ou augmenter mon atelier, prendre quelque monnaie sur ma bourse hebdo-madaire et attendre que la petite somme néces-saire à mes achats fût amassée.

Jamais je n'oublierai le plaisir de la posses-sion de l'outil convoité pendant de longues semaines. Je conserve encore un marteau ainsi acquis, j'ai pour lui de l'affection et je ne sau-rais m'en séparer sans peine; il représente un effort, de la patience, du travail. Ce n'est plus un objet impersonnel, il a vécu et vit toujours dans mon souvenir; chaque fois que je m'en sers il me revient une bouffée de ma jeunesse. La possession immédiate d'un objet, sans effort, à prix d'argent, peut-elle être comparée au bon-heur de créer et de construire soi-même cet objet?

Ceux qui sont gâtés par la fortune et n'ont plus de désirs, leurs caprices étant toujours satisfaits, ne connaissent pas les plaisirs intenses, les meilleurs de la vie.

Effort honnête et loyal. — Mais pour être élevé et durable, le plaisir doit se rattacher à l'accomplissement d'un devoir et d'un idéal, il doit être foncièrement moral; ce n'est pas le corps qui vibre dans la jouissance vraie, mais l'âme. Le plaisir de l'effort grandit avec son objet; l'homme de bien, dont les actions profitent à un grand nombre, est à la source des plus grandes jouissances.

Un grand artiste comme Beethoven a peut-être répandu dans le monde la plus grande somme de plaisir possible; le public ignore cependant la triste vie de ceux à qui ils doivent tant d'heures de ravissement. Derrière de grands travaux il y a de grandes peines, toujours un sacrifice. Nous devons nous incliner devant la grandeur et la moralité de l'effort de ces hommes géants auxquels l'humanité doit tout.

L'effort honnête et loyal a sa récompense

dans l'accomplissement de l'acte voulu, en dehors de toute idée de vanité et de lucre. C'est sûrement celui qui procure le plaisir le plus intense et le moins mélangé d'amertume. Il rehausse l'homme qui le donne sans compter et le rend heureux et fort.

Crainte de l'effort. — Au contraire, celui qui craint l'effort a conscience de son inutilité et de son incapacité; son inquiétude morale le rend misérable et malheureux.

On s'entraîne à la paresse comme à l'effort, la souplesse de notre organisme est ainsi un véritable danger; il est bien difficile, pour ne pas dire impossible, de passer de l'oisiveté habituelle à l'action énergique, cette transition brusque est douloureuse comme un choc. Aussi l'homme sage et prudent fuit la mollesse et le luxe inutile qui y mène; il craint de ne pouvoir plus se ressaisir, il s'entretient dans la lutte et dans l'action pour être assuré d'être capable d'énergie au moment opportun.

A côté de ces efforts dictés par les pensées élevées, il y en a d'autres plus intéressés et plus égoïstes : les efforts vers le mal.

Ceux-ci sont quelquefois même très énergiques, ils donnent peut-être encore le plaisir de l'action, mais un plaisir qui ne peut être ni complet, ni durable. Le mal porte en lui ses tristesses et ses conséquences funestes; son objet est négatif, c'est le désordre et la destruction; on n'obtient pas un équilibre solide de notre personne avec de mauvais matériaux.

Valeur morale de l'effort. — Les bienfaits de l'effort sont donc en raison de la moralité du but de l'effort et nous sommes d'accord avec les philosophes sur ce point, comme nous le sommes avec les artistes sur la beauté.

Ces réflexions nous serviront particulièrement lorsque nous voudrons perfectionner l'individu; la raison même de notre perfectionnement est justement dans le retentissement de l'effort sur nos facultés mentales.

Un effort mécanique sans effort moral serait incapable de produire la plus petite amélioration et se pourrait répéter indéfiniment sans progrès. Heureusement nous ne sommes pas ainsi construits, nous entendons l'écho de tout ce qui se passe dans une partie quelconque de notre organisme et, grâce à cette merveilleuse unité, grâce à la solidarité de toutes les fonctions, nous pouvons réagir et chercher notre meilleur équilibre.

Nous mettons en dernier ressort la main sur l'ensemble de notre personnalité et, par l'effort que nous faisons ainsi pour nous améliorer, nous nous élevons au-dessus de notre néant, nous rentrons en nous-même pour nous étudier et nous corriger de nos défauts.

Cet effort vers l'idéal doit nous consoler de bien des désespérances; il faut toujours le susciter, dans les moments où nous faiblissons, écœurés par les détails de la vie ou quand, vaincus par la souffrance, nous allons nous abandonner à des sentiments de révolte ou même à l'indifférence, qui nous conduisent aux pires regrets.

La vie est belle si on la sait comprendre ainsi; elle est un supplice quand on n'en voit que les jouissances passagères, éteintes aussitôt que nées.

V. — RAPPORTS DE L'ÉDUCATION PHYSIQUE AVEC LES SCIENCES ET LES ARTS.

Le champ de notre sujet s'est agrandi à chaque pas et, partant d'un point qui semblait au premier abord limité, nous avons parcouru sans nous y arrêter des espaces immenses. Cela prouve l'importance de l'éducation physique, quand on la libère de l'enceinte étroite qui l'étouffe, en ne la considérant plus à part mais dans ses rapports avec nos autres activités.

Elle recherche par définition le perfectionnement de l'être humain. En augmentant sa force musculaire, sa force de résistance et sa force morale, elle trouve dans la vie son application quotidienne et son but final dans l'art de travailler avec le minimum d'effort et de fatigue en économisant ses forces. De ce perfectionnement méthodique résultent la santé, la beauté, l'adresse et le caractère énergique.

Pour nous guider dans notre chemin, nous avons dû faire des emprunts à toutes les sciences et à tous les arts[1]. Quand on rapporte tout à l'homme on aperçoit alors clairement les liens intimes des sciences et des arts et les barrières artificielles que les spécialistes étroits mettent entre les connaisances humaines s'écroulent d'elles-mêmes.

Jetons un coup d'œil rapide sur ces rapports et traçons le tableau des sciences qui, toutes, contribueront à établir définitivement l'Anthropotechnie ou l'art d'élever et de dresser l'être humain, au point de vue individuel et social.

Nous prenons aux sciences exactes : la mathématique, la mécanique, les moyens d'établir les proportions du corps et les rapports de grandeur de ses éléments, toutes les mesures des-

1. Voir plan d'enseignement supérieur, dans *l'École française*. Paris, Fournier.

tinées à comparer l'homme à lui-même ou à
d'autres soit dans son évolution soit, pour étudier des types différents. Les conditions d'équilibre, la résultante de nos efforts, le calcul des
forces en action et de leur travail, la loi des
mouvements, l'étude des trajectoires décrites par
le corps, les rapports entre la forme de ces trajectoires et nos efforts musculaires, l'analyse ci-
nématique des allures, la relation entre la force
musculaire dépensée et le mouvement produit, la
vitesse et les accélérations, les pressions normale et tangentielle aux points d'appui en fonction du mouvement du centre de gravité; les
conditions d'équilibre du corps et de ses segments, les propriétés mécaniques des leviers
osseux; les forces et les résistances mises en
jeu, la mesure de la force musculaire, l'égalité de
l'action et de la réaction, les résistances d'inertie, le rôle de la pesanteur sur les segments, la
détermination du centre de gravité, les frotte-
ments et les résistances passives; la masse, la
force vive et les variations de la force vive du
corps menant aux mesures du travail dans les

déplacements de la totalité du corps dans la
marche, la course et les sauts, le transport des
fardeaux, le rendement journalier du moteur
animé, la loi d'économie réalisée par la meilleure manière d'accomplir un travail, le rythme
optimum : toutes ces études sont du domaine de
la mécanique.

Le rôle de l'élasticité des tissus et des artères,
la pression du sang dans les vaisseaux, dans le
thorax et l'abdomen pendant les mouvements
respiratoires, le mécanisme du cœur, le vide
pleural, les désordres de l'effort et de l'essoufflement, le débit du cœur et des vaisseaux, la
vitesse de propagation des ondes liquides, le
principe d'Archimède pour les corps flottants
sont d'application constante.

Les rapports de l'éducation physique avec la
physique et la chimie sont aussi évidents. Elles
nous donnent sur les échanges nutritifs, sur
les échanges gazeux des indications précieuses ;
la pression et le volume des gaz dissous, les
phénomènes d'osmose, ceux de température,
les conditions de production et de déperdition de

chaleur, la calorimétrie, l'hygrométrie de l'air et l'évaporation de la sueur, les actions électriques et radioactives, les mesures des réactions et du temps perdu dans les centres nerveux et musculaires, la composition du corps humain et des aliments, la transformation des aliments par l'organisme, la nature des aliments de travail et de réserve, les déchets du travail et de la digestion, les échanges nutritifs et respiratoires, les poisons de l'organisme, la production des toxines dans la fatigue, la transformation et l'élimination de ces déchets sont des notions devenues précises.

L'anatomie fait connaître la forme du corps et des organes, leurs rapports et leurs positions relatives, la structure intime de leurs tissus ; l'éducateur doit y puiser des indications importantes pour comprendre le fonctionnement de la machine animale, mais il doit laisser au chirurgien les détails descriptifs et la nomenclature spéciale qui ne peut lui servir à rien. Il n'a que faire du cadavre, c'est la vie qu'il doit connaître, mais encore doit-il la voir à un autre point de vue que le physiologiste; il doit s'attacher à ce qui est perfectible chez l'homme et aux phéno-mènes vitaux dont il peut stimuler l'action en vue du bonheur et de la plus-value énergétique de l'individu. Il ne se contente pas de connaître seulement, il recherche un idéal.

La physiologie le familiarise avec la souplesse d'adaptation de l'être vivant, et toute l'anatomie commence à vivre pour lui quand il comprend la relation entre la structure des organes et leurs fonctions, les modifications des organes en rap-port avec le genre de travail et le mode de loco-motion, les relations et la subordination des fonctions entre elles, le rôle prépondérant du sys-tème nerveux sur tous les phénomènes vitaux. Ainsi s'expliquent la fonction motrice ou la capa-cité énergétique de l'individu dépendant du con-cours harmonieux des fonctions de réparation et d'excrétion dont l'équilibre fonctionnel doit exis-ter même pendant le travail, d'où les résultats de l'entraînement sur la résistance. Ainsi se justi-fient les moyens de retarder la fatigue par la bonne coordination des mouvements, l'impor-

tance de l'éducation des mouvements faite dès
le début et le rôle fondamental de l'habitude.
On détermine la part de ce qui revient au système nerveux, au muscle, au squelette, à l'appareil circulatoire et respiratoire, à l'appareil
glandulaire dans le perfectionnement de l'individu ; les limites de la modificabilité dues à son
hérédité et à son milieu se précisent. La compré-
hension de l'harmonie des fonctions comme les
conditions de la perfection chez l'être vivant,
devient bien claire.

La psychologie achève de donner les notions
incomplètes de la physiologie sur la source de
notre activité et le pouvoir central de nos
centres nerveux, sur les liens qui unissent notre
sensibilité et notre activité, sur le pouvoir excito-
moteur volontaire et l'action d'arrêt, l'action
réciproque de nos efforts musculaires et l'organisation de nos mouvements sur l'association de
nos centres nerveux et sur le caractère. L'éducation méthodique de nos sensations et des facultés les plus élevées du cerveau aboutit à une
autoéducation par une sorte d'autosuggestion

nous donnant en définitive la maîtrise complète de nous-même et, par une influence réciproque du physique sur le moral, nous permet de déplacer nos plaisirs et d'accepter l'effort fructueux comme guide de notre activité.

L'hygiène nous apprend les meilleures conditions de l'exercice pour assurer la santé, il ne faut jamais le séparer des soins de propreté de la peau et d'une alimentation fortement réparatrice. Les forces doivent se dépenser progressivement et non d'une façon massive; on doit éviter le surmenage et donner au repos et à l'activité une durée relative compatible avec la réparation des forces. Elle nous montre l'erreur de se spécialiser aux travaux de l'esprit; la force cérébrale étant liée à l'énergie physique, les raffinements de la vie oisive et luxueuse ne peuvent jamais remplacer les efforts personnels. Chaque profession a des inconvénients qu'il faut atténuer par des exercices spéciaux; la sédentarité et les mauvaises attitudes scolaires rentrent dans le cas général et peuvent causer des déformations et des asymétries faciles à corriger chez les enfants. L'hygiène du vêtement est comprise dans cet ensemble de considérations.

L'éducation physique touche à la moralité : s'imposer le devoir d'être sain et vigoureux, rechercher l'effort, se tremper le caractère, être amoureux de la beauté vraie, se perfectionner sans cesse, n'est-ce pas le plus sûr moyen de fuir les excès et les causes de dégénérescence ? Diriger son activité vers le bien dans un but élevé, socialement utile et non en vue d'une satisfaction d'argent ou de vaine parade, léguer à ses descendants un héritage de vigueur et d'aptitudes physiques, n'est-ce pas encore de la vraie morale ?

La médecine nous montre combien les conditions de vie peuvent influer sur l'organisme et, réciproquement, le médecin emprunte de plus en plus les ressources des agents naturels et du mouvement comme moyens thérapeutiques puissants. La gymnastique hygiénique, médicale, orthopédique, respiratoire, la rééducation motrice, la cure de l'obésité et la prévention de la phtisie, le massage, les frictions, l'hydrothérapie, la mécanothérapie, la cinésie sous toutes formes : mouvement passif ou actif, se sont constitués avec les données premières de l'éducation physique. Le médecin n'a pas, il est vrai, le même but que l'éducateur ; il n'emploie pas les mêmes moyens et se contente, pour le moment, d'agir sur la fonction des organes de la vie en laissant à l'éducateur le soin de rechercher la beauté, l'adresse et les qualités morales, primordiales en éducation.

C'est surtout avec les arts que l'éducation physique a les rapport les plus certains. La peinture et la sculpture tirent leur puissance d'expression de la beauté et de l'harmonie corporelles. La recherche de la forme au point de vue de l'attitude et du mouvement ne peut se comprendre sans modèles bien éduqués. L'idée de beauté elle-même est impliquée dans la perfection physique ; l'étude du geste, l'éducation de l'œil ou mieux des perceptions visuelles, tout cela est dans le programme d'une éducation complète.

La musique prête aux mouvements son rythme et la division du temps est déjà naturellement une partie spéciale de l'éducation de l'oreille, mais elle peut aller plus loin et créer une relation entre l'attitude, le geste, l'expression de la physionomie et les sentiments éveillés par un dessin mélodique.

L'éducation des mouvements, ceux de la main en particulier, permet le jeu plus facile des instruments de musique; les lois de la fatigue et de l'habitude trouvent là une application extrêmement importante en apprenant la meilleure manière de travailler avec fruit.

Cette application s'étend à tous les arts professionnels.

L'éducation des mouvements et l'adresse générale favorisent le maniement des outils et la meilleure utilisation de nos forces. Le rythme de travail et de repos, la gymnastique corrective des déformations professionnelles, l'apprentissage intelligent, la progression dans la dépense de travail basée sur les lois de l'habitude et de la fatigue, la recherche du type professionnel parfait, la valeur du salaire en proportion du travail fourni, sont des problèmes qui ressortissent de l'éducation physique comme des lois générales du travail.

La danse peut aussi lui emprunter beaucoup si elle ne veut pas rester un art de convention; la grâce est le résultat de la perfection même dans l'art de se mouvoir, ce n'est pas la mièvrerie ou l'affectation. La danse, à son tour, peut céder une grande part de ses qualités et de ses moyens à l'éducation physique. Elle la complète, s'adresse à la jeune fille, et l'invite de façon charmante à donner des efforts souples et énergiques.

La photographie a rendu et rendra encore les plus grands services à l'éducation physique en permettant de prendre des documents sur la forme du corps, d'analyser les mouvements les plus compliqués et les plus rapides. On peut ainsi se rendre compte des procédés employés par les sujets d'élite, ce qui permet de les comparer entre eux et de découvrir le secret de leur supériorité.

On arrivera ainsi à établir le type de l'athlète

idéal, beau, adroit, harmonieux et fort; ce sera le modèle à imiter.

La synthèse du mouvement par le cinématographe entrera de plus en plus dans la pratique de l'enseignement et rectifiera les sensations de l'œil égarées et faussées par des images de convention. Nous l'avons utilisé pour étudier la parole, les troubles apportés dans la locomotion par les maladies nerveuses et pour contrôler les résultats d'un traitement.

La pédagogie de l'éducation physique éclairera certainement celle de l'éducation intellectuelle en y apportant sa précision et sa clarté. Les lois du travail et de la fatigue, les lois du rythme sont évidemment les mêmes dans les deux cas.

L'art de former des hommes bien équilibrés, utiles à eux-mêmes et aux autres, en harmonie avec leur milieu, ne peut être que le fruit d'une connaissance profonde et d'une méthode sûre employant les moyens les mieux adaptés, les plus conformes aux lois naturelles et à la mentalité de l'individu.

L'art militaire doit aussi bénéficier des procédés de l'éducation physique et s'appuyer sur les lois du travail, comme les autres professions. Il doit pousser le plus possible les jeunes recrues vers l'application la meilleure de leurs aptitudes naturelles, afin de leur demander un maximum d'effort sans leur nuire, en leur apprenant à bien utiliser leurs forces et surtout à les ménager. L'hygiène du soldat doit comprendre le vêtement, le port du sac, la nourriture, la propreté, les procédés les meilleurs d'entraînement pour mener presque jusqu'à la force athlétique sans danger et pour résister aux privations et aux intempéries.

La perfection des allures, le maniement des armes, l'esprit de dévouement et de sacrifice, l'assujettissement de l'unité à un ensemble, l'affirmation de la personnalité et l'abnégation volontaire de cette personnalité dans cet ensemble sont les vraies qualités du soldat, qu'une éducation virile doit savoir lui donner.

La sociologie et l'économie politique s'empareront ensuite des résultats sociaux dus à la régénération de la race et pourront mettre en évidence la décroissance des tares héréditaires et la diminution du nombre des déchets sociaux.

La création de centres de perfectionnement physique et d'écoles spéciales est le seul moyen de réduire le budget de l'assistance publique avec une dépense relativement minime; la prévention des maladies est chose plus sûre que leur guérison, et les mœurs viriles remplaçant les habitudes de luxe et de mollesse, sont la meilleure garantie de la force d'une nation.

La statistique mettra en lumière cette augmentation consécutive du rendement en travail d'un peuple soumis à une forte éducation; la fécondité et la longévité seront les bienfaits lointains d'une vigueur physique plus grande et l'apogée d'un pays coïncidera avec le développement des institutions qui ont pour objet l'augmentation de sa force morale et physique.

Ainsi se préparera, nous osons l'espérer, une ère de prospérité nouvelle, fruit de notre prévoyance et de notre énergique volonté, constamment dirigée vers le but idéal que nous poursuivons.

CHAPITRE III

ÉDUCATION DE L'EFFORT

I. Qualité éducative de l'effort. — II. Hygiène de l'effort. — III. Conclusion. — IV. Principes d'éducation physique.

I. — Qualité éducative de l'effort.

En résumé, l'éducation de l'effort est toute l'éducation physique, et, pour l'éclairer, nous avons dû rappeler nos travaux antérieurs sur cette question.

La notion d'effort est impliquée dans celle de travail, mais le travail est à considérer sous deux points de vue : la *quantité* ou somme totale produite dans un temps donné et la *qualité* ou la forme de ce travail, c'est-à-dire la manière dont on l'exécute...

Qualité de l'effort. — Le bénéfice de l'effort est lié assurément à sa qualité bien plus qu'à sa quantité. Des efforts massifs, maladroits, brutaux gaspillent nos forces, nous éreintent et nous nuisent sans nous perfectionner. On ne peut pas impunément réaliser tous les efforts que la volonté commande, parce qu'il y a des lois de l'hygiène à observer et des conditions de travail à suivre sans lesquelles la machine humaine ne donne plus rien ou se disloque.

L'augmentation de notre énergie mécanique ne doit donc pas provenir d'un état d'excitation momentané, mais avoir sa source dans l'harmonie fonctionnelle et dans l'intensité même de la vie. Mais l'utilisation de cette énergie est liée à la manière même dont nous la dépensons en l'économisant ou en la gaspillant.

L'éducation physique doit s'occuper surtout de cette éducation économique que nous appelons l'art de travailler; nous ne pouvons pas toujours augmenter nos forces, mais nous pouvons perfectionner sans cesse nos mouvements et réduire la dépense de fatigue pour un même travail.

Développement des aptitudes physiques. — En dehors de toute méthode d'éducation le travail seul peut, il est vrai, développer en nous nos aptitudes physiques, mais c'est là une exception rare. Suivant ses divers modes, le travail peut donner la santé ou la détruire, augmenter la force, le fond et la vitesse de l'individu ou l'épuiser complètement ; le déformer ou l'embellir, perfectionner ou fausser tous ses mouvements, le récréer ou l'ennuyer, l'affiner ou l'abrutir, le rendre généreux ou féroce, sociable ou égoïste [1].

Toutes les qualités physiques peuvent se rencontrer innées chez le même sujet, mais c'est là un cas exceptionnel ; l'art de l'éducation doit presque toujours suppléer à nos dispositions naturelles incomplètes, nous façonner pour vivre au mieux dans notre milieu et nous faire acqué-

1. G. DEMENŸ, *l'École française.*

rir, sans tâtonner, un degré de perfection relative.

Nous sommes encore loin de nous entendre
sur le but vraiment social de l'éducation. On
aurait pu croire, étant donné les derniers travaux faits sur la question, que nous étions définitivement sortis des hésitations du début, mais
de perpétuelles oscillations de l'opinion mal dirigée et fortement exploitée nous ramènent toujours
au point de départ, à l'athlétisme brutal, sans
idéal, sans utilité, inaccessible aux faibles et
indifférent aux travailleurs de l'esprit. On n'éta-
blit pas solidement des institutions d'État sur la
vanité seule. Il manque à ces efforts de la mesure, de la sagesse, de la gradation ; le record
et le concours mènent aux pires abus, à la folie
du sport outré, négation même de l'éducation
physique dont le but s'adresse à tous et doit
consister à préparer à la vie normale sans rien
forcer et sans rompre notre l'équilibre mental.

Si l'excès d'activité intellectuelle nous fait
dégénérer physiquement, l'excès d'efforts musculaires nous enlève notre délicatesse, émousse

notre sensibilité, diminue la puissance de la pensée et nous abaisse en dirigeant notre intérêt vers les vains spectacles du cirque.

Il ne s'agit pas seulement d'agir, il faut agir en vue d'un idéal de beauté physique et de beauté morale. Se lancer à corps perdu comme un fou ou un homme en délire dans des efforts inconscients et non pondérés, ce n'est pas là une solution. Un bavard excité par le vin et un raisonneur prudent parlant à froid n'ont pas la même chance de traiter avec succès une affaire sérieuse. Ceux qui observent une sage réserve dans la dépense de leur énergie sont rares. Enfants ou débutants nous montrent cette forme de l'effort perdu et gaspillé inconsciemment. Un jeune chien agité et lourdaud bouscule tout autour de lui et nous agace de ses caresses maladroites ; devenu plus vieux ses mouvements sont plus précis et plus discrets, il sait se maîtriser.

La voie à suivre dans l'éducation de nos mouvements est certainement fixée par ces faits. Tous les mouvements bien adaptés sont une synthèse qui se règle par l'indépendance et l'asso-

ciation juste de nos contractions musculaires.
Ils présentent aussi une continuité, une douceur
et une forme arrondie particulières leur donnant
les qualités de précision et de moelleux nécessaires à accomplir les actes les plus compliqués
et les plus énergiques, sans brusquerie.

Choix du travail. — Lorsque nos efforts sont
bien utilisés, intégralement employés, ils semblent faciles et nous sommes souples et légers.
Mais quelle différence profonde entre les mouvements naturels ainsi exécutés et ceux de notre
gymnastique qui devraient être leur préparation. Ces derniers sont brusques, arrêtés en immobilité, décomposés en temps et pour ainsi dire
disséqués.

Cependant le mouvement segmenté est un
mouvement dénaturé et faussé, il est aussi impossible de recoudre ensuite ces actes séparés
que de refaire un organisme dépecé par un savant
naturaliste.

Cette manière habituelle d'arrêter nos mouvements dans les positions extrêmes de l'effort
mène à la confusion et fausse les sensations de

l'acte à accomplir ; la raison en est simple : ce que nous faisons n'est pas ce que nous devrions faire, le mécanisme de l'arrêt différant totalement du mécanisme du mouvement.

Ce principe faux de l'arrêt introduit dans l'éducation de nos mouvements mène par une logique spécieuse à la conception schématique de l'attitude conventionnelle et nous conduit à une esthétique ridicule basée sur la règle des positions statiques transportées dans notre locomotion. De cette confusion inextricable résulte le gaspillage, la gêne et la désharmonie de nos contractions.

Au milieu de cet ordre apparent, en réalité désordre extrême, nous sommes arrêtés dans tout progrès, continuant ces errements nous ne pouvons plus concevoir un mode d'effort bien adapté pratiquement ; l'automatisme détruit finalement les rapports entre nos facultés motrices intelligentes et les organes à mouvoir et nous finirions à cette école à ne plus avoir conscience de nos actes devenus ceux d'une marionnette dont les ficelles nous échappent.

L'effort doit être plus intelligent que cela ; on n'est pas riche seulement parce qu'on dépense ses revenus en prodigue, on est beaucoup plus riche quand on les épargne avec économie.

La force n'est pas tout si elle est aveugle ; notre volonté ne va point jusqu'au muscle, comme une flèche perdue, mais comme une série d'ondes se suivant et se modifiant sans cesse. Notre sensibilité palpant la résistance à vaincre là où elle se produit nous avertit également des résultats de notre effort nous permettant ainsi de le modifier et de le rendre plus parfait.

Nous devons d'abord savoir ce que nous voulons, agir ensuite d'après l'idée que nous nous faisons du résultat à obtenir en corrigeant à chaque pas notre acte s'il est mal exécuté.

Faire un mouvement sans but c'est lui enlever toute sa valeur morale et supprimer du même coup la conscience, le contrôle et la maîtrise de l'effort.

Suivant le choix du travail, le mode d'effort sera tout différent; un travail de fond ou un effort soudain ont sur l'organisme un retentissement

absolument opposé ; un exercice délicat et difficile affinera le sens du commandement et per-
fectionnera les organes qui en sont chargés. Les
muscles obéissent à tous les ordres en esclaves
comme la patte de grenouille attachée au balcon
de Galvani tressautait à chaque contact; leur
inertie et leur état de nutrition déterminent leurs
propriétés motrices. Mais, obligés de se con-
tracter suivant différents modes d'action voulus,
ils s'adapteront à chacun d'eux et présenteront
alors dans leur forme, leurs proportions et leur
masse les caractères de l'effort habituel. Il dépend de nous d'harmoniser nos efforts pour en
obtenir le résultat le plus précieux : l'harmonie
de l'être vivant.

On ne doit pas seulement voir dans les mouvements un jeu mécanique de muscles et d'articulations. Un mouvement c'est une idée réalisée, il porte la marque organique de l'individu
et de sa race, sa forme spécifique varie avec
elle.

Les exercices raides, disgracieux et laids sont
discordants pour l'âme française aimant la

beauté et la liberté. Elle doit extérioriser son état à sa manière, mais ne peut sans gêne ni contrainte, sans s'amoindrir, s'assimiler celle d'une race différente.

Pourquoi changer? Si nos qualités innées faiblissent, rééduquons-nous, mais ne rompons pas l'harmonie entre nos mouvements et notre mentalité. C'est le plus sûr moyen d'évoluer sûrement et longuement.

Comme les aliments, les mouvements ne doivent pas être seulement substantiels mais plaisants, répondre à nos instincts et à nos goûts. Nous ne pouvons pas bénévolement éteindre en nous des tendances séculaires faisant partie intégrante de notre vie.

Notre cuisine légère et notre vin français sont pour quelque chose dans notre tempérament; nos estomacs latins ne s'accommodent pas de mets épais et lourds; nos mouvements, expression même de notre mentalité, ne veulent pas de modes qui ne cadrent pas avec notre organisation.

Chaque peuple a ses coutumes, sa langue, ses

chants et sa cuisine; il ne suffit pas de passer
la frontière pour être soudain naturalisé Russe
ou Anglais; les tentatives faites pour transplan-
ter chez nous des moyens de convention jurant
avec notre caractère n'ont aucune chance de
réussir et demandent même à être combattus.

La forme concrète du travail importe au plus
haut point dans la pratique, l'idée abstraite
d'effort et de travail nous permet seulement
d'apercevoir les parties communes aux innombrables exercices et de les comparer sans en
faire un classement tout à fait arbitraire.

*Méthodes et opinions divergentes ; éducations
fausses.* — Les divers systèmes d'éducation physique laissent de côté cette notion de travail
pour ne considérer que la forme extérieure du
mouvement. Ils se renferment ainsi en eux-
mêmes, se font une terminologie et une pédagogie spéciales, de convention, et restreignant le
point de vue de l'éducation à leurs petites pratiques, sèchent sur place sans pouvoir progresser
ni sortir de leurs ornières.

Ce désordre et cette anarchie viennent de

l'ignorance ; l'intervention des méthodes générales d'observation dissiperait cette obscurité,
mais chacun travaille dans son coin, sans médi-
ter, tissant une nouvelle toile de Pénélope en
attendant l'union fructueuse de tous les efforts.

Les partisans de la gymnastique de chambre
font classe à part; les amateurs de sport, plus
nombreux, ne se mélangent pas beaucoup entre
eux. Le groupement important des anciens
gymnastes ne croit qu'à la vertu de l'effort
adapté exclusivement à des agrès de suspension
et néglige la marche, la course, les sauts, le
porter, le lancer et tous les exercices naturels
comme exercices inutiles qui ne font pas partie
intégrante de la gymnastique. Pour d'autres le
but éducatif de l'effort consiste à exécuter des
mouvements schématiques d'une façon absolument inutilisable et sans aucune raison fondée.

Toutes ces inventions éphémères doivent céder la place à un enseignement plus large, plus
logique et mieux adapté à nos besoins. L'exercice donne diverses qualités physiques que nous
devons développer simultanément, il doit contri-

buer à former l'homme complet au point de vue physique, intellectuel et moral. A cette condition seule, l'éducation physique s'imposera et prendra définitivement sa place dans l'instruction publique.

Éducation sportive. — Une éducation sportive s'impose pour se préparer à l'effort sous toutes formes et obtenir simultanément la force, le fond, la vitesse, la souplesse, l'adresse, l'équilibre, l'harmonie, toutes qualités nécessaires pour aborder avec succès les applications pratiques.

Mais l'éducation sportive n'est pas l'éducation athlétique ; elle n'a rien de commun non plus avec la gymnastique de convention fort inutile si même elle n'est pas nuisible. C'est simplement l'art de se mouvoir, l'art de travailler économiquement en dirigeant au mieux ses efforts ; cet art trouve son application partout : à l'atelier, en campagne, en voyage et dans la vie de tous les jours. Il évite de longs tâtonnements à celui qui manie le marteau, l'épée, l'archet ou la plume ; nous ne savons pas, en général, nous

servir de nos organes, un mouvement fait sans
gaspillage d'effort ou sans affectation est
chose rare, nous ne savons pas jouir de nos facultés naturelles, c'est à l'éducation à nous
l'apprendre.

Les spécialistes ont des tours de main dans
leur métier, mais l'enseignement gagnerait beaucoup s'il suivait quelques indications générales
applicables à tout travail. Le principe d'économie, les règles du rythme et de la progression
dans l'effort pour éviter la fatigue, la mise en
train, l'art de respirer librement, l'harmonie et
la beauté de nos attitudes et de nos mouvements,
tout cela s'adresse à tous les sports et les guide
sûrement.

Quand on sait ce que l'on doit obtenir, on le
fait plus vite et mieux, l'incertitude disparaît et
la confiance en soi s'affirme. Pour arriver sûrement et sans danger à un état supérieur d'adresse
et de vigueur il ne faut pas aller trop vite ; si
quelques-uns trouvent leur voie sans guide,
combien s'arrêtent en route déçus et décou-
ragés.

Il y a une manière de bien travailler s'appliquant à tout effort, quel qu'il soit, et cette manière de faire peut se transmettre par enseignement.

Enseignement méthodique de la coordination des mouvements. — J'ai dû créer un enseignement méthodique de la coordination qui n'existait pas et m'a servi dans tous mes actes et dans tous mes travaux; il m'a permis d'acquérir des talents en musique, en dessin, dans les métiers manuels, et m'a donné le moyen d'étendre utilement mon activité, de réaliser ma pensée et de préciser mon jugement[1]. Il se résume dans la manière économique de travailler et dans la sensation nette de mes efforts pendant l'action.

La faculté inhibitrice que nous avons de relâcher volontairement une partie du corps nous sert sans cesse. En faisant même un effort de contraction nous devons être toujours prêt à nous décontracter et à régler nos mouvements par ces deux actions opposées.

1. *Éducation et Harmonie des Mouvements* (librairie des Annales); *le Violoniste* (Paris, Maloine).

En nous exerçant ainsi, nous acquérons la sensation de la maîtrise constante de nos actes; nous tenons en main nos muscles comme des chevaux attelés dont on modifie l'allure en leur lâchant les rênes ou en les bridant sans jamais être entraîné par eux. Ce n'est pas par l'antagonisme des muscles que l'on obtient ce résultat, ce serait de la force perdue, c'est à la source même de l'excitation motrice que se forme cette maîtrise; nous devons nous sentir capable de modifier à chaque instant l'intensité et la direction de notre excitation d'après le résultat contrôlé sans cesse et à chaque mouvement. Pour cela il faut savoir ce que l'on va faire avant d'agir et essayer de le faire avec le minimum d'effort en laissant à l'automatisme la place la plus petite possible.

Cette opération mentale se retrouve dans la direction de nos idées que nous pouvons susciter à notre gré et empêcher de s'égarer sur des sujets multiples. Cette faculté se cultive, il ne s'agit pas de donner un effort plus grand mais un effort plus intelligent et mieux utilisé; puisque la somme d'énergie à notre disposition est forcément limitée c'est de la manière dont on la dépense avec économie que résulte le bénéfice maximum qu'on en retire.

Ainsi se créent les habitudes utiles avec le secours de l'attention qui sert de contrôle et veille sur l'accomplissement de nos actes moteurs. Nous avons donc le pouvoir de diriger notre énergie sous forme d'action nerveuse dans les nerfs conduisant aux muscles les plus appropriés au travail. Par une série de tâtonnements se rapprochant toujours de l'acte juste, tâtonnements consistant en corrections conscientes de l'intensité et de la direction de l'effort, nous arrivons à trouver la voie et la bonne manière de faire; l'acte est alors déterminé et nous le répéterons avec une facilité de plus en plus grande. L'attention doit être intense pour obtenir ce résultat surtout au début, c'est la condition de perfectionnement que rien ne peut remplacer; son effet dans la coordination volontaire consisterait à mettre la source d'énergie en contact avec différents circuits nerveux encore in-

déterminés; l'automatisme serait la fixation et la
soudure définitives de ces conducteurs.

En résumé, pour perfectionner nos mouvements il faut : une volonté bien définie et
s'exerçant sous les deux formes d'excitation et
d'inhibition; l'attention soutenue contrôlant le
résultat et indiquant la correction nécessaire à
mieux faire, la sensation nette de ce résultat; la
répétition ouvrant les voies à l'excitation motrice
et préparant l'habitude pour diminuer la fatigue
de l'attention; l'automatisme provenant de la
fixité de ces voies tracées rend enfin l'acte invariable et nous dégage de tout besoin d'intervention de l'attention.

Le paysan et l'ouvrier répètent constamment
les mêmes actes sans presque les varier, ils
s'adaptent à leur travail mais ne se perfectionnent
pas dans le vrai sens du mot. Le perfectionnement physique consiste en effet dans l'acquisition
d'aptitudes diverses qui nous permettent d'en-
treprendre avec fruit un travail quelconque. La
spécialisation nous rend peut-être plus habile à
certains efforts, mais elle gêne nos autres apti-

tudes à cause d'une adaptation trop restreinte.

Pour s'entraîner aux exercices compliqués et difficiles il faut s'essayer posément à réussir le mouvement et se préparer mentalement à le faire, y mettre toute son attention, le reprendre en y mettant la même perfection, mais cesser dès qu'on sent qu'on ne peut plus le réussir. Pour aller plus loin le repos est alors nécessaire; si l'on continuait, la fatigue enlèverait la netteté des sensations, la souplesse disparaîtrait et ferait place à des contractions mal associées et mal exécutées.

Si l'on reprend l'exercice quand on est tout à fait reposé, on sera très étonné de le réussir sans difficulté. Cela s'explique : pendant le repos toutes les parties qui ont concouru au mouvement bien exécuté ont été le siège d'un travail de nutrition à l'exclusion des autres. Ce travail de nutrition favorise la reprise du même acte et crée l'association ou la synergie d'action. Un torrent se fraye sa voie sur la pente d'une montagne suivant la nature du sol, puis il creuse son lit peu à peu et son cours est alors fixé par la

pente où l'eau coulera avec plus de facilité.
Cette image nous représente à peu près le fait de
la meilleure répartition de l'excitation nerveuse
dans les musc'es à la suite d'une bonne éducation.

Éducation du rythme. — Certaines écoles
cherchent à développer l'aptitude particulière au
rythme; il faut avouer que cette aptitude est de
second ordre à côté des conditions essentielles
de la santé et du travail utile. Elle demande cependant un effort d'attention constant et soutenu.

Dans cette gymnastique du rythme le mouvement ne vient qu'on second ordre; si l'on ne
tient compte ni du genre de travail ni de sa quantité, ni de la fatigue et de son retentissement sur
les fonctions on ne remplit pas le but réel de l'éducation physique. Nous doutons alors que cette
éducation spéciale du rythme puisse convenir à
l'écolier déjà fatigué par son travail scolaire et
auquel il faut avant tout de la liberté, de la joie
et du mouvement. La gymnastique rythmique
est absolument contraire à cette liberté et rend
l'élève esclave des obligations d'une mesure la

plus stricte, quelquefois contraire aux lois de sa locomotion.

Il y a cependant utilité à introduire dans notre gymnastique des exercices spéciaux pour le rythme comme on introduit des mouvements asymétriques, mais il n'y a pas lieu d'en faire une éducation exclusive. Il y aurait de nombreux inconvénients à agir ainsi. Avant tout il ne faut pas multiplier les causes de fatigue nerveuse et le temps des élèves serait mieux employé à acquérir à l'école des aptitudes physiques autrement utiles dans la vie que l'aptitude purement rythmique.

Rythme musical et rythme économique. — Le rythme et l'effort sont les deux facteurs inséparables du travail. Toute gymnastique se compose donc d'efforts rythmés, mais l'effort en est l'élément capital, le rythme qui l'accompagne doit être choisi de façon à lui faire produire le meilleur rendement. Le rythme est fonction de l'intensité de l'effort et lié à la tolérance de l'organisme et à sa facilité de se réparer au fur et à mesure de la dépense.

Un rythme de travail est bien choisi lorsque
les périodes d'activité et de repos se succèdent
dans un rapport tel que la période de repos suffit à compenser les pertes subies dans la période
de travail sans rien préjuger de la valeur absolue de la durée de cette période.

La marche et la course sont des modes de travail à rythmes rapides, les journées de travail
de huit heures suivies de huit heures de repos
sont des exemples de rythme lent de travail. Le
rythme dépend donc de l'effort accompli et de
la résistance à la fatigue; il ne peut être indépendant ni de la forme ni de la quantité de travail effectué dans un temps donné. C'est en définitive la répartition du travail dans le temps.

En éducation physique le mouvement est l'élément primordial, essentiel. C'est lui qui règle le
rythme en vue de la cadence optimum et du
maximum d'effet utile.

Si l'on prend au contraire le rythme comme
élément essentiel on ne peut lui demander l'effet
utile réservé naturellement au mouvement seul.

Cette interversion des éléments fondamentaux de l'éducation des mouvements est de nature à compromettre l'effet hygiénique de l'exercice lié essentiellement au travail musculaire et à sa dépense dans un temps donné.

L'éducation spéciale du rythme affine, il est vrai, les centres nerveux de coordination non pas en vue de l'adresse générale, mais plutôt en vue de la simultanéité des mouvements et de leur obéissance à une division plus ou moins compliquée du temps nécessaire à les effectuer.

Les mouvements gymnastiques sont généralement tous rythmés, mais il doit y avoir dans leur rythme une logique et de plus une grande variété.

La musique comporte une division du temps qui lui est propre ; des temps égaux peuvent se répéter indéfiniment à une même cadence comme dans la polka ou la valse. Mais, il faut avoir du rythme une idée plus large et plus générale ; tout dessin mélodique possède son rythme ; moins bref et moins accusé, il n'en existe pas moins et entre ces deux extrêmes on peut concevoir une foule de degrés intermédiaires.

La musique ajoute encore au mouvement son charme et son excitation particulière. Son adaptation au mouvement peut consister simplement dans la coïncidence exacte des différents temps de la mesure avec les temps des mouvements. Dans ce cas elle n'ajoute rien ni à l'exécution ni à la précision des exercices, ce n'est qu'une superposition dans laquelle le mouvement reste ce qu'il est, et la musique sert à battre la mesure comme le ferait un métronome.

Caractère expressif des mouvements. — Le rôle plus complexe et plus élevé de la musique appliquée au mouvement commence avec son caractère expressif. L'audition d'une mélodie peut faire naître chez un sujet impressionnable et artiste des sentiments et des états d'âme qu'il peut traduire en gestes et en attitudes; il n'y a plus seulement alors simple coïncidence d'un mouvement et d'une mesure, il y a interprétation par le sujet et traduction par une sorte de mimique d'un sentiment ou d'une idée; l'extériorisation des impressions par le mouvement demande à l'élève un sentiment artistique de l'harmonie tout différent de la faculté rythmique.

On a été ainsi jusqu'à dire qu'on danse un lieder ou une pièce symphonique en étendant le nom de danse à la mimique inspirée par l'impression musicale.

Dans la valse ou une danse quelconque, le rythme est indéfiniment répété invariablement, les mouvements deviennent automatiques, les muscles des jambes y participent presque seuls; dans la danse pensée et traduite en mouvements il y a action plus complète et plus profonde de notre être mental, car les gestes traduisent des sensations et un état psychique faisant totalement défaut dans le premier cas.

Aussi dans ces deux exemples l'effet est-il tout différent; la danse rythmée n'est qu'un exercice musculaire avec toutes les conséquences du travail qu'il suscite; la danse mimée et expressive met en jeu les facultés personnelles de l'individu et en traduit l'émotion.

L'effort d'extériorisation est une détente et un délassement autrement intense qu'une simple sauterie. Tout vibre alors dans l'individu et sa pensée immédiatement transformée en mouvements est un acte salutaire et complet qu'aucune gymnastique ne peut égaler.

La colère où l'on donne libre cours à sa passion par des mouvements violents et désordonnés s'apaise d'elle-même ; ceux-ci en sont la véritable soupape de sûreté ; la rage contenue au contraire ne s'éteint point si vite ; elle se retourne contre nous et nous rend malade en troublant notre nutrition.

Il y a donc une relation entre nos sensations auditives et nos mouvements ; la transformation des sensations auditives en gestes se fait très probablement aux contacts des territoires nerveux des perceptions auditives et des centres sensitivo-moteurs par analogie avec l'audition colorée où les sensations musicales se traduisent en impressions de couleur.

L'harmonie des mouvements est le résultat tout naturel d'une bonne éducation antérieure jointe à la facilité avec laquelle on se représente mentalement les actes associés provoqués par les impressions musicales.

Une éducation bien entendue et très poussée doit cultiver nos facultés motrices et les développer même beaucoup. Les danses et les chants nationaux sont nés du besoin naturel d'extériorisation de notre pensée. Un peuple qui ne chante plus et ne danse plus est un peuple triste, quelquefois vicieux ; la gaîté et la joie ouvertement exprimées sont honnêtes. Le goût des arts et l'amour du beau sont une garantie sûre de moralité.

Pour obtenir la bonne direction de nos efforts il faut trouver des mobiles dans ces plaisirs salutaires. Si nous ajoutons aux bienfaits dus au perfectionnement physique un effort moral intense ; si nous donnons à nos efforts un attrait et un charme pénétrant, nous serons assuré de voir se propager avec succès les bons effets de l'exercice et nous secouerons l'indifférence et l'inertie, les deux plus grands écueils de l'éducation.

Le plaisir et l'instinct de la conservation dirigent le monde : sachons les utiliser à notre profit.

II. — Hygiène de l'effort.

L'exercice qui convient à tout âge. — L'éducation physique ne peut être sa propre fin; elle indique seulement des moyens de s'améliorer et de conserver ses facultés motrices dans l'âge le plus avancé.

Il y a toujours dans l'éducation physique une tendance athlétique par laquelle nous cherchons à nous surpasser en augmentant chaque jour la dose d'effort habituel; cela a l'avantage de nous tenir en éveil, mais il faut se limiter sous peine de perdre le bénéfice de ses peines.

Laissée à elle-même, sans guide, la jeunesse court sans hésiter à l'abus de l'exercice pour satisfaire son amour-propre; les lauriers et les prix l'attirent, ce sont les moyens employés trop souvent pour donner l'illusion d'un mouvement de régénération, mais ils sont trompeurs et passagers, échos de la vanité ils ont l'inconvénient beaucoup plus sérieux de pousser à l'exagération de l'effort sans limite. Ces concours dangereux vont ainsi à l'encontre du résultat qu'ils prétendent obtenir et méritent les reproches que les médecins leur ont toujours adressés.

La fatigue excessive masquée par l'excitation nerveuse ne peut être supportée impunément par de jeunes individus; au delà d'une certaine limite l'entraînement athlétique prolongé est la ruine de l'organisme; les accidents du cœur et du poumon, les troubles de la nutrition, l'inappétence, l'insomnie, la fièvre, la moindre résistance aux infections morbides, même à la phtisie, en un mot tous les accidents du surmenage aigu et de la neurasthénie ne tardent pas à se manifester.

Avec l'âge, la prudence et la mesure dans l'effort sont encore plus nécessaires si l'on veut conserver sa vigueur physique. Un entraînement s'appliquant seulement à la jeunesse est condamné sans conteste pour l'âge mûr.

On n'a plus alors les goûts ni l'ardeur du jeune gymnaste, on envisage les prouesses athlétiques pour ce qu'elles valent, les préoccupations de la vie sont autres ; les affaires et les occupations du métier vous absorbent et l'exercice modéré devient nécessaire et suffisant pour conserver ses forces et entretenir sa santé.

L'exercice quotidien est même indispensable pour éviter la vieillesse prématurée. On vieillit beaucoup plus par suite de l'inactivité que par le travail ; l'exercice bien choisi et bien dosé est le bon moyen de rester jeune et de braver le poids des ans.

L'âge n'existe pas si on est alerte et résistant, si on conserve toute la mobilité et la souplesse de ses articulations ; on ne peut vraiment pas donner le nom de vieillards à des organisations jouissant pleinement de leurs facultés et ayant encore devant elles de longues années à bien remplir.

Avec une dépense de travail journalière et des

efforts progressifs les effets de l'exercice sur la santé sont certains ; il faut naturellement y joindre une alimentation en rapport avec cette dépense ; les soins de la peau par les bains et les frictions, les bains d'air et de lumière, les vêtements larges, propres et légers, un sommeil de 7 à 8 heures, un régime régulier de vie sans aucun excès : ce sont les seuls moyens de jouir d'une robuste constitution. Il y a avantage à ne pas diviser les mouvements en exercices de développement et exercices d'application, mais à obtenir simultanément les deux effets. Les mouvements synthétiques naturels unissent l'effet général sur le développement du corps à l'utilisation pratique, ils plaisent le plus, il suffit d'un peu de mesure dans leur conduite. A cette condition la marche, la course, les sauts sont applicables à tout âge.

Mais il ne faut pas, sous prétexte d'avoir été un athlète dans sa jeunesse, présenter une infériorité évidente et avouée dans l'âge mûr. Dépenser trop tôt et en une fois son capital, pour être en déficit alors que le besoin de l'énergie se fait sentir, c'est une singulière manière de jouir de la vie et des avantages de l'exercice.

Il faut surveiller sa respiration et s'efforcer de conserver l'amplitude du mouvement des côtes et du diaphragme, dans les deux phases de l'inspiration et de l'expiration; il ne faut pas surtout la dénaturer, en répétant constamment des exercices respiratoires, sans travail musculaire, exercices qui changent le rythme naturel en marquant des temps d'arrêt en inspiration ou en expiration.

L'excès d'exercice physique nuit à l'activité cérébrale, il ne faut pas songer à mener de front le travail intellectuel intense et l'éducation athlétique; il y a là un écueil difficile à éviter. Le travail intellectuel est une dépense nerveuse épuisante, qui n'est pas salutaire comme la dépense musculaire; les ajouter l'une à l'autre cela devient une somme excessive d'effort, dépassant les ressources de l'organisme.

En réalité, la question de l'hygiène de l'exercice est une question complexe, la vie pratique a des exigences implacables, dans les villes elle devient absolument malsaine. Pour vivre de la vie naturelle, il faut de la fortune et des loisirs. Passer ses journées sur les terrains de jeux, pour s'entraîner à des records, c'est là une occupation d'oisif ou de professionnel; on ne cherche pas, j'imagine, à acquérir des forces simplement pour lever des poids ou sauter une hauteur donnée.

L'emploi de notre activité trouve d'autres applications, plus intéressantes et plus fructueuses.

La force musculaire seule si elle n'est pas au service de l'intelligence, et si elle arrête la culture de l'esprit, ne mérite pas qu'on lui élève des autels. A notre époque les facultés intellectuelles priment tout, l'exercice physique doit apporter son effet de pondération, mais ce serait une grosse erreur, si l'on voulait rétablir le règne de la force brutale et faire lever les germes de la décadence antique.

Trop de raffinements et de bien-être sont des causes certaines de déchéance, mais l'adoration de son corps en délaissant son esprit est aussi néfaste.

Voilà pourquoi les solutions proposées aux pouvoirs publics dans les écoles ont dû revêtir une forme modérée et les tentatives qui ont semblé réussir dans l'initiative privée, échoueront une fois transportées sur le terrain scolaire, à moins d'opérer une révolution complète dans l'enseignement.

L'école prend l'enfant trop jeune, et si on ne le soumet pas chez nous au régime néfaste des concours et des examens, il ne trouve plus sa place dans la société.

Il faut changer les mœurs, mais elles sont tenaces, et les conventions de la vie, bien qu'erronées, sont quelquefois plus fortes que toutes nos belles aspirations vers la nature et la liberté.

Éducation de la femme. — On songe aujourd'hui à comprendre la femme dans l'œuvre de régénération moderne; on l'avait oubliée jusqu'à présent.

Ici la tâche de l'éducateur est délicate, il ne peut la mener à bien s'il néglige les différences profondes mentales, fonctionnelles et sociales existant entre l'homme et la femme. Il faut donner la vigueur sans enlever à celle-ci le charme qui vient de sa perfection harmonique. La femme n'est pas faite pour se mesurer avec l'homme, elle ne doit donc pas l'imiter servilement, elle a sa vie et ses exercices ne doivent pas sentir les tréteaux.

Le charme de la beauté et de la perfection ne se cote pas comme des performances; l'athlète féminin ne serait pas une femme accomplie, mais une foraine. On a proposé dans ce sens des solutions assez simplistes, il reste à les faire accepter par la femme.

Plus maligne que ses éducateurs novices, celle-ci attend, laisse faire et sourit. Mais elle n'est pas encore prise, elle ne se donne pas au premier venu; il lui faut l'assurance d'être en bonnes mains.

L'école française. — L'éducation physique ne sera bien établie qu'avec l'accord entre les procédés et son but : le perfectionnement économique de l'être humain. Une méthode basée sur l'expérimentation et non pas rationnelle, ne sera pas plus discutée que les méthodes des physiciens et des chimistes.

Mais nous n'en sommes pas encore arrivés là; en attendant, mieux vaut l'empirisme intelligent qu'une science de mots, un rationalisme simpliste et des pratiques charlatanesques.

Quand on s'occupe de la machine humaine il faut la voir dans toute sa complexité, l'étudier avec la méthode convenable : la méthode expérimentale. On a d'abord le sentiment de ce qui se passe en elle, mais pour aller jusqu'à la connaissance scientifique, il faut des études profondes et même un tact particulier qui n'est pas donné à tous.

Les jugements portés sur la matière de l'éducation n'ont pas toujours des bases bien solides; la littérature du sujet comporte une abondance d'écrits invraisemblable, mais il y a parmi eux bien peu de travaux d'observation scrupuleuse.

Les cerveaux puissants et lumineux se désintéressent de cette question ou reculent devant la complexité du problème.

La multitude des systèmes contradictoires

est une preuve de notre ignorance; la vérité ne se contredit point. Ce sont nos intérêts qui l'étouffent. Assez de méthodes, mais plus de méthode.

Au milieu de ce dédale notre école française trouve cependant sa voie. Elle s'arrête à une éducation complète souple et vivante.

L'expérience est faite, on n'attend plus que sa consécration par les pouvoirs publics; nous leur demandons cela comme un acte de sagesse et de justice.

CONCLUSION

VOULOIR, C'EST POUVOIR

Savoir vouloir est chose rare, savoir ce que l'on veut est encore plus difficile, continuer à vouloir dans une même direction est l'exception.

L'éducation de l'effort nous apprend à vouloir, elle apprend aussi à réaliser la chose voulue et à établir un lien entre cette chose entrevue et la manière dont on la mettra à exécution. L'opération mentale qui précède tout acte moteur nouveau est en petit celle qui conduit aux plus grandes idées. Quand on veut quelque chose et que l'on sait comment on le mettra en œuvre, la tâche est singulièrement facilitée et l'on n'est pas loin de la solution.

Vouloir, c'est donc pouvoir, à la condition de ne pas vouloir des chimères et de ne pas prendre ses caprices pour de la volonté. Les hommes dignes de ce nom sont fixés de bonne heure sur la direction de leur activité; ils sont attirés vers un but nettement défini; une seule idée remplit leur vie, ils y pensent sans cesse et la font avancer chaque jour. Voilà le meilleur exemple d'harmonie et d'économie qu'on puisse donner. Les difficultés et les barrières décuplent leur énergie et l'entretiennent; on meurt heureux après une existence aussi bien remplie.

La jeunesse attend de nous son bonheur et nous perdons notre temps en discussions stériles. Laissons les pédagogues dogmatiques élaborer tristement leurs sophismes et prenons des mesures pressantes. C'est l'air, c'est l'espace qui nous manque, c'est le temps qu'il faut arracher aux enseignements de luxe pour le donner à la bonne éducation physique. Que les législateurs nous distribuent des salles et des places de jeux pour faire sortir l'enfant de l'école, et sa condition changera aussitôt.

La gymnastique abstraite consistant dans quelques petits mouvements plus ou moins raides, exécutés tristement dans un air confiné et sans soleil, ne donne pas le remède aux misères de la classe ; il faut ouvrir les portes de l'école quelques heures par jour, donner la liberté à la jeunesse pour qu'elle se livre spontanément à ses joyeux ébats en face de la Nature ; le mouvement ne doit pas être donné comme un remède, les remèdes ne procurent pas la vigueur, tout au plus entretiennent-ils des organismes débiles. La vigueur naît de l'exercice en liberté, au grand air, avec de la joie, des jeux, des danses et des chants, même avec un peu de folie ; cherchons à l'obtenir par tous les moyens, même en chagrinant le rigorisme parfois trop sévère de nos éducateurs.

PRINCIPES GÉNÉRAUX D'ÉDUCATION PHYSIQUE CONS-
TITUANT LES BASES D'UNE DOCTRINE ET APPLI-
CABLES A TOUT TRAVAIL.

I. — Donner aux mouvements, dès le début,
une forme naturelle et une direction utile en
préparant méthodiquement à tout travail sans
spécialisation ni automatisme et en les exécutant tels qu'ils se feront dans les diverses applications.

II. — Acquérir simultanément la force et la
souplesse avec l'indépendance des contractions
musculaires, en éliminant les contractions inutiles, et en apprenant à se relâcher et à se con-
tracter à propos.

III. — Rechercher dans tout travail l'association économique des contractions musculaires, c'est-à-dire la participation harmonieuse
du corps entier, même à une action localisée;
tout effort étant la résultante d'actions partielles
bien définies et bien précisées par son but, c'est-

à-dire par le genre de travail à accomplir.

IV. — Rechercher le rythme de travail optimum, c'est-à-dire permettant, pendant la période de repos, la réparation complète des forces.

V. — Porter son attention sur la respiration qui doit être profonde et bien rythmée pendant le travail, sans arrêts en inspiration ou en expiration, l'amplitude du mouvement des côtes et du diaphragme étant en rapport avec le besoin de respirer créé par le travail.

VI. — Éviter les efforts statiques et les arrêts brusques; exécuter au contraire les mouvements avec toute l'amplitude possible, dans toutes les directions et suivant des trajectoires continues ayant des formes très variées symétriques et asymétriques.

VII. — Ne rien laisser au hasard, éveiller toujours l'attention par la forme variée du mouvement et par une exécution plus parfaite. Ne jamais séparer les moyens servant à développer les muscles de la meilleure utilisation de leur travail. Ainsi s'acquiert la maîtrise et la possession de soi-même.

VIII. — Développer le sens de l'orientation dans l'espace et le sens de l'équilibre par des exercices de plus en plus complexes et difficiles, mais en associant toujours l'énergie, la souplesse, la grâce, l'aisance et la beauté à l'utilité des mouvements.

3678. — Tours, Imprimerie E. ARRAULT ET Cⁱᵉ.